戦争に
チャンスを与えよ

エドワード・ルトワック
奥山真司［訳］

JN229617

文春新書

1120

日本の読者へ——日本の新たな独立状態と平和

日本は、世界の中でも独特な場所に位置している。世界の二つの大国と、奇妙な朝鮮半島の隣にあるからだ。これは、イギリスとフランスという、近くに規模も大小さまざまで、敵にも味方にもなる隣国を持つ、二つの密接な関係を持った国同士とは大きく異なる状況に置かれていることを意味している。

英仏を始めとするヨーロッパ諸国とは対照的に、日本は、歴史的にはごく最近まで、敵国も同盟国も持たずに発展してきた。日本を守ったり脅したりするような「大国」は存在せず、(「大国」とは言えない)中国が、重苦しい存在感を示していただけだったのだ。

こうした日本の際立った歴史的な戦略的孤立状態は、一八五四年の二度目のペリー来航と「日米和親条約」によって、突然破られたわけだが、この戦略的孤立状態が本当に終わったのは、一九四五年のことであった。

その後の日本は、敗北、破壊、占領から立ち上がって、まったく新しい状況に直面した。

経済的恩恵と低コストでの安全保障を同時に与えてくれる、超大国の一つを同盟国としたからである。

当初、これは、もっぱらアメリカからの働きかけによるものであったが、一九五〇年六月に北朝鮮が韓国への攻撃を開始してからは、日本政府も、同盟国として積極的に活動し始め、非常におとなしい形ではあるが、自国の独立を次第に主張し始めたのである。

ところがこの状態も、岸信介が一九五七年二月から一九六〇年七月まで首相を務めることによって終わりを告げた。日本が「自らの独立的選択」によってアメリカの忠実な同盟国となったことを岸首相が完全に明確化したからだ。

このことの意味は、数年後に明らかになる。アメリカがベトナムにおいて大規模な軍事介入を開始した時のことだ。韓国は、数年間にわたって数十万人もの戦闘部隊をベトナムに派兵したが、日本政府はまったく派兵しなかった。これは憲法の制約によるものではない。「自らの独立的選択」にこそ、その理由があった。

岸首相のパターン〔独立的選択〕から動き出し、アメリカの忠実な同盟国でありながら「責任を担うパートナー」となりつつある現在の日本の首相が、岸首相の孫の安倍晋三であるのは、単なる偶然の一致かもしれないが、それでも象徴的だ。

この動きは、すでに領土を新たに獲得しただけでなく、さらに拡張しようとしている拡張主義の中国が急速に台頭してきた状況や、朝鮮半島の特異な状況のさらなる悪化に対する、唯一実行可能で現実的な反応である。

日本にとってほぼ利益のない朝鮮半島において、北朝鮮が、暴力的な独裁制でありながら、使用可能な核兵力まで獲得しつつある一方で、韓国は、約五〇〇〇万の人口規模で世界第一一位の経済規模を誇りながら、小国としての務めさえ果たしていない。

国家の「権力」というのは、結局のところ、集団としての結束力を掛け算したものであるが、韓国はこれを欠いている。アメリカが長年にわたって軍の指揮権の譲渡を提案しているのに、韓国が継続的に拒否しているのも、その証しだ。

それとは対照的に、日本は、新たな独立状態を獲得しつつある。これは、日米の対露政策の違いからも、新たな責務を担おうとする日本の現政権の姿勢からも明らかだ。要するに、日本政府は、国民に露骨に物理的脅威を及ぼしている北朝鮮の問題に本気で取り組もうとしているのであり、それと同時に、アメリカと共に中国に対して、「国際的な海空救難所にする」といった口実で、南シナ海のような場所で不法に埋め立てた人工島を根拠に領有権を主張しないように説得するための、準備を始めているのである。

もしこの人工島が軍事基地として存続すれば、ペルシャ湾や欧州に至る日本のシーレーンにとって脅威になるし、ベトナムにとっては直接的な脅威になる。ベトナムは、日米にとって非公式だが強力な同盟国となりうるし、フィリピン、インドネシア、マレーシア連邦なども、潜在的な同盟国である。

このような同盟関係を築いても、戦争勃発の危険を高めることにはならない。そうしなければ、むしろ戦争勃発の可能性が高まる。「効果的な抑止」以外の選択肢というのは、「暖かな平和」ではない。それは、「慢性的な不安定」であり、あるいは「戦争」かもしれないのだ。

もちろん日本は、手厚い児童手当によって人口問題に対処すると同時に、予測不能な自然災害にも対処しなければならない。こうした問題を別にすれば、日本の国民は、平和を愛する人々であり、寛大な対外援助も行っており、外国の脅威に不安を覚えながら生きるのではなく、安心して平和に過ごすだけの資格が十分にあるのだ。

二〇一七年三月一四日　メリーランド州チェビー・チェイスにて

エドワード・ルトワック

戦争にチャンスを与えよ◎目次

5 平和が戦争につながる――北朝鮮論 105

戦国武将の戦略論

完璧な戦術家——武田信玄

最高の戦略家——徳川家康

「戦術」と「戦略」を併せ持つ——織田信長

戦略に必要なのは「規律《ディシプリン》」

アメリカとの同盟

「同盟」こそ最強の戦略

8 戦争から見たヨーロッパ——「戦士の文化」の喪失と人口減少

戦争から生まれたダイナミックなヨーロッパ

『オデュッセイア』と『イーリアス』

ヨーロッパ文化の「非戦闘化」による少子化

「生命の法則」を拒否する国は消滅する

トランプには未来がある

まだ健在なアメリカの戦士文化

自殺するヨーロッパ

ヨーロッパと戦争

1

自己解題「戦争にチャンスを与えよ」

聞き手　奥山真司
収　録　二〇一六年一〇月、東京駅近くのホテルにて

戦争は平和をもたらすためにある

論文「戦争にチャンスを与えよ」（一九九九年発表、本書2章）は、私がこれまで書いたなかで最も多く引用された論文だ。今日でもまだ議論されている。

旧ユーゴスラビアで起こった一連の出来事を目撃したことが、そもそもの執筆のきっかけだ。ご存知のように、ユーゴスラビアでは、一九九〇年代に激しい内戦が起きたが、これが私に論文を書かせるきっかけとなった。

さて、この論文が明らかにしているのは、「戦争の目的は平和をもたらすことにある」ということだ。戦争は、人々にその過程で疲弊《ひへい》をもたらすために行われるのである。人は戦争に赴《おもむ》く時、力に溢《あふ》れ、夢や希望に満ち、野望に心躍らせているものだ。しかし、いったん戦争が始まると、今度は、さまざまな資源や資産を消耗させるプロセスが始まる。この過程で、人々の夢や希望は、次々に幻滅に変わっていく。そして戦争が終わるのは、そのような資源や資産がつき、人材が枯渇し、国庫が空になった時なのだ。

そこで初めて平和が訪れる。平和が訪れると、人々は、家や工場を建て直し、仕事を再開し、再び畑を耕す。

無責任なドイツのクロアチア独立承認

ユーゴスラビアに話を戻そう。

最初の戦闘は、セルビアとスロベニアの間で起こった。この戦闘には、外部からの介入は何もなかった。国連も、OECDも、ECも、赤十字も、介入しなかった。

介入がなかったのは、すべてがかなり速いペースで起こり、外部勢力が介入する時間がなかったからだ。しかも戦争が終わると、戦った双方の勢力は、互いの立場を認め合った。それ以降、スロベニアは、まったく戦闘をしていない。

しかし、セルビアがクロアチアと戦い始めた際には、当初からドイツが介入し、クロアチアの独立を承認してしまった。もちろん、クロアチア人は、ドイツの独立承認を非常に喜んだ。第二次大戦時に、クロアチアは、ドイツの同盟国として戦った歴史を持つからだ。当時のクロアチアは、親ナチス政権によって運営されるドイツの同盟国だった。したがって、クロアチアは、今回もドイツの支援を確信していたのである。

ところが、クロアチアが気づかなかったことがある。それは、ドイツが責任を引き受ける覚悟なしに独立を承認する、という愚行を行ったという点だ。ドイツは、自分たちが実際には何もできないにもかかわらず、クロアチアの独立を認めてしまったのである。

　このドイツの介入によって、クロアチアは、スロベニアが行ったようなこと、つまり、戦闘を続ける代わりに敵対勢力と合意する、ということができなくなってしまった。その後、国連も介入し、OECDも介入し、最終的には、外交的に無力なEUも介入してきた。

　こうしてクロアチアは、実質的にはドイツの支援も受けられない状態で、セルビアとも合意できずに、戦闘を続けることになった。「戦争が平和をもたらす」というプロセスが、外部の介入によってブロックされてしまったのである。

　二つの国の一方が勝って、一方が負ければ、双方とも戦闘を止めて、普通の生活に戻る。敗者は領土の一部を失うかもしれないが、それでも国民は、普通の生活に戻り、仕事を再開し、家族を養うのである。ところが、クロアチアのケースでは、セルビアとスロベニアのような合意がなされず、戦闘が長く続くことになった。

　ボスニアとヘルツェゴビナで起こったのも同じことだ。ボスニア人も、セルビア人の存在を認めず、代わりに国家としての独立を求めたのである。

外部の介入が戦争を長引かせた

これが、ユーゴスラビアにおける長期にわたる悲劇的な内戦のきっかけとなった。最悪なのは、この戦争が互いの疲弊によってもたらされる自然な合意によって終わったわけではない、という点だ。アメリカの介入によって終わらされたのだ。これが、一九九五年のデイトン合意である。

この合意を主導したのは、リチャード・ホルブルックという非常に活動的なアメリカの外交官である。彼は最近死んだが、その彼を殺したのは私である、と言っても過言ではない。

われわれは、トルコの当時の外務大臣であった「邪悪な小人」との異名を持つダウトオール主催の歓迎会に参加していたのだが、私がダウトオールと話していたところ、とても背の高いホルブルックが、私のことを無理やり押しのけた。まだ会話の途中だったので、失礼なホルブルックに、私はかなり強烈な肘鉄《ひじてつ》を食らわせたのだが、その三日後に彼は死んでしまった。

その場にいた私の妻は、「あなたが食らわせた肘鉄が彼の大動脈を刺激して致命傷になったのよ」と解説したが、私はこれが真実であればよい、と考えている。

いずれにせよ、ホルブルックは、デイトン合意をとりつけた張本人だ。そしてこの合意によって、敵対する者同士が戦うことで生じるはずの疲弊は阻止され、戦闘は、外部からの押し付けによって止められてしまった。

その結果として何が起こったか。なんと今日に至るまで、ボスニア・ヘルツェゴビナでは、いかなる「戦後復興」も行われていないのである。復興もないし、投資もない。サラエボに行けば分かるが、開発が何も進んでおらず、一棟のホテルがEUの財源で建てられ、もう一棟はどこかのNGOによって建てられているが、それ以外は何もない。

なぜか。「戦争が終わっていない」からだ。まだ「平和」ではなく、「戦争が凍結された状態」なのだ。「凍結されている」ということは、「まだ終わっていない」ということなのである。

難民は新しい国で新しい生活を始める

「邪悪な介入」のもう一つの形態は、難民支援だ。

歴史全般に言えることだが、戦争は難民を発生させる。そしてこれも歴史から分かることだが、難民は、別の場所に逃れ、そこに定住し、そこで働いて家族を養い、子供を育て、そこで新しい生活を始めるものである。

ところが現代では、紛争が勃発するとすぐに国連が到着して、「彼らは難民だ、キャンプを設置しよう」というメカニズムが働く。すると難民は、別の場所に移住することなく、キャンプ地に留まることになる。

パレスチナ人のケースで考えてみよう。彼らが最初に難民になってからすでに何世代もの時間が経過している。シリアやヨルダンなどへ移住する代わりに、その場に居続け、いまだに毎日、国連から食事の配給を受けている。

もしこのようなメカニズムが過去の――たとえば第二次大戦直後の――欧州に存在していたら、パリやミラノやローマのような都市はなく、代わりに巨大な難民キャンプがあちこちに設置されていただろう。

私が論文を書いた九〇年代半ばには、パレスチナ難民の発生からすでに長い時が流れていたが、その時点になっても、パレスチナ人は、イスラエルのすぐ隣に人工的に設置された難民キャンプで、先祖が住んでいた失われた村や土地に、いつの日か戻ることを夢見ていた。

私がここではっきり断言したいのは、いかなる難民も、別の場所に移住し、そこで移民となり、新しい国で新しい生活を始め、幸せに暮らすものである、ということだ。

NGOの無責任ぶり

ルワンダのケースを見てみよう。

最初にツチ族がフツ族を虐殺し、フツ族は、国境を越えて東コンゴに逃げ込んだ。その直後、国連の介入より悪いことが起こった。NGOが介入してきたのである。これは「悪夢」と言ってよい。

このNGOは、まったく無責任な存在だった。右も左も分からないまま、「フツ族がかわいそうだ」というだけで、ルワンダから越境してきたフツ族をかくまう難民キャンプを設置し、彼らに食事を提供した。ところが、昼間に配給された食事で腹を満たしたフツ族は、夜中には国境を越えて、ツチ族を殺しに行ったのである。難民キャンプは、国境からわずか三キロの場所にあったからだ。

NGOの行動は、あまりに無責任なものだった。活動資金を募るために、メディアの注目を集めたい彼らは、当事国の事情をろくに調べもせずに、ひたすら「困った人を助ける」という目的で、難民キャンプを設置する、という大失態を犯したのである。

この時、真実を唯一語っていたのは、フランスの「国境なき医師団」である。彼らだけは、このような行為は犯罪的である、と主張し、その無責任ぶりを非難した。フツ族を国境近くに留め置くことで、紛争を長引かせていたからだ。

この紛争は、ルワンダが東コンゴに侵攻するまで終わらなかった。ルワンダは、コンゴと五年にもわたり戦争を続けることになってしまったのである。

一九四四年の時点で日米戦争が凍結されていたら……

こうした事情を背景にして、私は論文「戦争にチャンスを与えよ」を書いたのである。そこで主張したのは、「戦争には目的がある。その目的は平和をもたらすことだ。人間は人間であるがゆえに、平和をもたらすには、戦争による喪失や疲弊が必要になる」ということだ。外部の介入によって、この自然なプロセスを途中で止めてしまえば、平和は決して訪れなくなってしまうのである。

日本とアメリカは、一九四五年まで戦ったが、そこで戦争をやめて、日本は復興の道を歩み始めた。アメリカも戦後復興を始めた。

仮に一九四四年の時点で、日米戦争が、外部の介入によって停戦になっていたとしよう。

もちろん、その際、介入する側は、「人が殺されている、なんて悲惨なのだ！」という非難と共に、停戦を押し付けるのだろう。

ところが、そうした停戦がなされていれば、今頃、日本には「戦時体制」が残り、あらゆる物資が欠如した状態で、東京は木造建築だらけのまま残り、大日本帝国とアメリカの停戦ラインは、フィリピンの間に引かれ、ビルマには飛び地が残り、朝鮮半島は半分が日本支配下のままで、その中間の非武装地帯の反対側に米英露の軍隊が駐留している、というような状態になっていたかもしれない。

実際、朝鮮半島で起こったのは、まさにこのような事態だ。戦争が凍結されてしまえば、平和は決して訪れない。それこそ、朝鮮半島の三八度線上にある非武装地帯の存在が物語っていることだ。

国連難民救済事業がハマスの武力闘争を支える

外部の介入によって戦争を凍結すれば、かえって戦争が長引いてしまう。これが私の論文の主張であり、これは難民問題でも同様だ。

戦争の結果として、難民が自然に拡散していく代わりに、イスラエル国境近くのパレスチナ人のように、人工的に一箇所に留め置かれてしまえば、難民問題は永続化してしまうのである。もはや存在しない村への帰還を求め、数世代にわたって難民としてキャンプに住み続け、働きもせず、開発もせず、新しい生活も始めない。そして、最新の狂信主義者の主張をひたすら信じて受動的に行動するような人間がつくられてしまう。

ハマスがまさにこれだ。彼らは、完全なる狂信主義者である。彼らの憲法には、「ユダヤ人は豚とサルの子孫だ」と書かれ、HPにもそう記されている。つまり、イスラエルの領土を求めているのではなく、イスラエルの完全な消滅を狙っているのだ。彼らの望みは、和平条約ではなく、領土でもなく、イスラエルの完全な破壊なのである。

パレスチナ人は、国連パレスチナ難民救済事業機関（UNWRA）から配給される食糧を毎日食べているが、パレスチナ人の教育に関する権限を握っているのは、ハマスだ。そして彼らは、幼い子どもにイスラエルに対する憎しみを教え、畑を耕すことや働くことではなく、ひたすらイスラエルと戦うことを教えている。そのハマスが、UNWRAから支援を受けている、ということは、UNWRAが、結果的にハマスの武力闘争を支援しているのに等しいのだ。

紛争に介入してはならない

ここでの教訓は何か。「紛争に介入してはならない」ということだ。介入しても良いのは、和平合意と難民移住などに関する責任をすべて引き受ける覚悟がある場合だけである。みずからの外交力によって和平合意を実現できないようなら、紛争に介入してはならない。

「介入主義」とは、現代の大いなる病だ。とりあえず介入するだけの力を持つ国の首脳が、「人道主義」の美名のもとに、遠隔地のほとんど知識もない地域の紛争に安易に介入すれば、たとえ善意にもとづく介入でも、結局は、甚大な被害をもたらしてしまう。すべての責任は、彼らの無知にある。

これは、私の言う「パラドキシカル・ロジック（逆説的論理）」に聞こえるかもしれないが、それほど複雑ではなく、もっと単純な現象だ。

同じような例は他にもある。たとえば、イラク戦争の際、ワシントンの人間は、イラクに民主制を導入しさえすればうまくいく、という考えにもとづいて、サダム・フセインを排除したが、ヒラリー・クリントンも、カダフィ大佐さえ排除すれば、リビアの人々に幸せが訪れる、という考えを最も熱心に信奉していた。

ところが彼女は、リビアに介入するなら、アメリカは、五〇年間、駐留・統治し、安定化を図る覚悟が必要となる、ということをまったく理解していなかった。リビアには、政府が存在していたのだが、これを破壊しただけで、その後に何も提供しなかったのだ。その結果、一〇〇もの部族が互いに争いを始めてしまった。遠隔地のほとんど知らない国への介入は、たとえ善意に溢れていても、恐ろしい結果を招くだけなのである。

米国はイラクの経験から何も学ばなかった

ここでしっかりと思い出してほしいのは、イラク侵攻は、つい最近の二〇〇三年の出来事だ、ということである。彼らは、そこから何も学ばずに、再びリビアで同じ失敗を繰り返したのだ。既存の体制を破壊するだけで、後には、無政府状態と内戦だけが残されたのである。

現在のイラク住民に、「サダム・フセインがいた時代と比べて生活はどうですか？」と尋ねれば、「フセイン政権時代の方がはるかにましだった」と答えるだろう。外出時に名前も知らない集団に殺されるようなことはなかったからだ。

スンニ派はシーア派に殺され、シーア派は他のシーア派グループに殺され、アラブ人はクルド人に殺され、トルクメン人はアラブ人に殺される。まさに「万人の万人による戦い」が行われている。

カダフィ大佐が支配していたリビアも同様だ。もし彼が存命で、仮にいま選挙を行えば、九五％の支持率を獲得していただろう。これは、ヒラリーよりも、はるかに高い支持率だ。なぜなら、彼が政権から追われた後に、リビアでは激しい内戦が起き、近所にミルクを買いに行くだけで民兵組織に銃撃されるような状態になったからだ。

もちろん、カダフィは、素晴らしいリーダーではなかった。それでも、無政府状態よりははるかにましだ。

「介入のために戦争を開始すること」と「戦争を止めるために介入すること」は、同じ程度に避けるべきことなのである。

もしカダフィ大佐を排除した後に、完全なる「法と秩序」を提供しつつ、再建を進め、いざとなれば、そこに五〇年間でも駐留する覚悟があるなら、介入は正当化できる。

五〇年とは、リビアのような国に文明化した新しい世代の人間が出てくるまで、という意味だ。イラクの場合は、五〇年でも足りないかもしれない。

イラクは、今後も、「国家」のような状態にはならず、スンニとシーア、クルドとシーアが衝突する無政府状態が続くものと考えられる。リビアも同じだ。

言い換えれば、「戦争を止めるために介入する」ということは、「戦争の疲弊による平和の到来を阻害する」ということを意味するのだ。リビアやイラクの例が、まさにそのことを物語っている。

もしあなたの国が介入するのであれば、そこに平和をもたらすのは、あなたの国の責任となる。その国に対していい顔をする、といったことは関係ない。その国をとにかく統治し、一般住民が、銃撃の恐れを感じることなしに、近所にミルクを買いに行けるようにしなければならない。このような治安状態を提供・実現することに責任を負わなければならないのである。

もしあなたの国が、「責任をもって平和をもたらす」という覚悟なしに介入すれば、紛争を長引かせるだけだ。だからこそ、アフガニスタンへのアメリカの介入は、一五年も続いている。イラク戦争も、すでに一三年続いている。リビアの内戦は、五〇年続くかもしれない。決して終わらないのだ。

戦争だけが平和をもたらす

国連が毎回行っているのは、まさにこうした「無責任な介入」なのである。戦争を止めるために介入し、その責任は負わない。国連は「停戦だ！」と言うだけで、その場から立ち去ってしまう。平和の確立には責任を持たない。大規模な軍隊を派遣して、平和を乱す者を打倒する、ということまではしない。

平和をもたらすのは、唯一、戦争だけだ。もしこのメカニズムを止めてしまえば、それを止めた当事者が平和をもたらさなければならなくなる。そのためには、大規模な軍隊の投入が必要となり、地域の治安を確保して住民を安心させ、ならず者は全員撃ち殺し、その地域を五〇年間にわたって統治しなければならない。

戦争には目的がある

私は、「戦争」という現象を改めて考えるなかで、このようなアイディアに至ったのだが、そもそもこれは、私の「戦略」についての考え方にも合致する。

戦略とは「生物」である。戦略は存在するものであり、それは戦争の結果を決定するものであるが、その働きは、普遍的で、どの時代のどの地域のどの文化の戦争にも当てはまる。

そして「戦争」という現象の要素を見ていくと、そこには独自の特徴が見られる。戦争も独特の「目的」を持ったものである、ということだ。

たとえば「釣り」という活動には、魚を釣る、という目的がある。農業活動には、食糧を育てる、という目的がある。そして戦争には、紛争を何かしらの形で終わらせることによって、平和をもたらす、という目的がある。

戦争に対する普通の人々の態度は、たいていは分析的ではなく、知的でもなく、単に感情的なだけだ。彼らは「戦争は嫌いだ！」と言うのだが、それでも戦争は存在する。

ところが、「戦争によってもたらされる破壊」よりもひどいのは、実は、「戦争の妨害」だ。破壊は存在するのに、平和はもたらされないことになるからだ。

その一例が、サラエボである。この都市でボスニア内戦が起こったが、悲劇的なことに、外部勢力の介入で無理やり停戦がなされたため、戦争の自然なプロセスが阻害されてしまった。国連機関が査察官を派遣したために、戦争が「凍結された」のだ。戦争は凍結状態で続いているため、誰も「戦後復興」を行おうとしないのである。

今日のボスニア・ヘルツェゴビナは、完全に人工的で、複雑かつ不自然な政治体制になっている。これは、多数の外国による現実無視の介入が行われた結果だ。

この連邦国家は、「国」ではなく、単に「ボスニア・ヘルツェゴビナ」という名が付けられただけの「ニセ国家」だ。

連邦国家には、イスラム教徒であるボスニア人とカトリックであるクロアチア人によって構成される「ボスニア・ヘルツェゴビナ連邦」と、セルビア正教のセルビア人によって構成される「スルプスカ共和国」が存在する。

ところが実際にボスニアの方では、クロアチア人とボスニア人が一緒に何かを行っているわけではない。つまり、「ボスニア・ヘルツェゴビナ」は、紙の上の存在でしかない。実態として存在するのは、「スルプスカ共和国」だけだ。しかも両者の間は、国連の査察官が監視する停戦線で分離されているだけだ。だからこそ、復興も起こらないし、屋根を修繕しよう、という動きすら起こらない。

クロアチアのドブロブニク空港は、旅行者で賑《にぎ》わう空港だが、ここから車で少し行くと、「ボスニア・ヘルツェゴビナ」との国境に至る。ここにパスポートをチェックする入国審査のオフィスがあるが、ここで働いているのは、まったくやる気のない人間ばかりだ。

そこから五キロほど行くと、「スルプスカ共和国」との国境に至る。このチェックポイントでは、本物のパスポート審査が行われる。

さらに行くと、トレビニエという町に着くのだが、町の半分は眠っているようで、半分の家は空き家で、誰も働いてはいないし、開発や建設も行われていない。この町の唯一の収入源は、ドイツへ出稼ぎに行った男たちの仕送りだ。そのためトレビニエには、セルビア系の女性ばかりで、男はほとんど見かけない。仕事もない。

そこからまたさらに進んで、再び「ボスニア・ヘルツェゴビナ連邦」の領内に入ると、またやる気のない人間たちのパスポートチェックを受けることになり、ろくな審査は行われないのだが、入国税だけはせしめられる。そこから進むと、モスタルという町に着く。ここは、連邦を構成している場所のはずなのだが、実際は、クロアチア系の町だ。

その先はサラエボだが、ここは、実際はイスラム系の町だ。イランやサウジアラビアの資金によって建てられた巨大なモスクはあるが、それ以外には何も建築は進んでいない。

要するに、ここに「平和」はない。「凍結された戦争」があるだけだ。実際、いつ戦闘が始まってもおかしくない状態であり、国連の停戦勧告が効いているだけなのである。

何度でも繰り返すが、停戦の押し付けは、戦争の終結をもたらすはずの流れを止めてしまうのである。停戦は、「戦争を凍結する」ことにしかならない。停戦介入が許されるのは、介入者が、五〇年かかっても、現地に平和を実現する覚悟がある場合だけだ。そうして初めて、一時停戦ではない本物の平和が訪れる。

促成栽培などできない「国民意識」

もし米国大統領であれば、中東で何をするか。まず現地の人々に謝罪し、米軍を撤退させる。その後は、彼らにすべてを任せて、彼らの中で状況が安定するまで何もしないのだ。

こうした不介入は認められない、というのであれば、イラクには五〇万、リビアには二〇万の兵士を派遣し、その国の全員を完全に武装解除し、同盟国によって軍事政権を発足させ、すべてをゼロから始めるしかない。そして五〇年間の駐留を覚悟すべきだ。

現在、これらの国には、イスラム原理主義者ばかりが存在する。女性は、学校に行かせてもらえない。いずれにせよ、「国民意識」というものが、ひとかけらも存在していないのである。

現在のイラクには、「イラク人」というものが存在しない。スンニとシーア、アラブとクルド、トルクメン人がいるだけだ。ちなみにスンニ派は、さらに部族ごとに分裂しており、シーア派は、さらに宗教グループごとに分裂している。

こうした「国民意識」が皆無の状況で、「国家」を建設するには、五〇年以上かかる。

もし紛争に介入するのであれば、このことを肝に銘じておかなければならない。

2 論文「戦争にチャンスを与えよ」

原題　Give War a Chance
初出　『フォーリン・アフェアーズ』一九九九年七・八月号

戦争も大きな役割を果たしている

「戦争は巨悪であるが、大きな役割も果たしている」という事実は、やや見過ごされがちだが、それでもわれわれが認めたくない真実である。戦争は、政治的な紛争を解決し、平和をもたらすことがあるからだ。

このような事態は、すべての参戦者が戦いに疲れたり、そのうちの誰かが決定的に勝利した時に発生する。

いずれにせよ、ここで重要なのは、一つの解決に至るまで戦いは続けられる、ということだ。戦争は、暴力が積み重なる段階を過ぎた後になってようやく平和をもたらす。「戦争の停止」が「さらなる戦闘」よりも魅力的になるためには、軍事面での成功の望みが薄まらなければならない。

ところが、国連が創設され、大国の政治的駆け引きが国連安保理の舞台に移って以来、中小国間の戦争は、自然な流れを辿ることがほぼ許されなくなった。当事者を消耗させ、それが長期的な平和の条件を形づくるようになる、はるか以前の初期の段階で介入が行われてしまうからだ。

戦争を止めるために、安保理の権威のもとで、停戦や休戦が頻繁に課されるようになった。たとえば、一九九九年のコソボ危機に対するNATO（北大西洋条約機構）の介入は、まさにこのパターンに沿ったものである。

ところが、停戦は、むしろ戦争によってもたらされる疲労感や厭戦《えんせん》気分の発生を阻止したり、紛争当事者にとって、再編制や再武装の機会となることが多い。こうなると、停戦終了後の紛争をむしろ激化させたり、長期化させてしまうのだ。停戦は、ほとんどの場合、次の戦闘の開始につながってしまうのである。

これは、第一次中東戦争（一九四八〜四九年）にも当てはまる。国連安保理に命じられた二度の停戦による戦闘員の回復がなければ、戦争は数週間で終わっていたかもしれない。最近のバルカン半島情勢も同様である〔本稿の執筆は一九九九年〕。押し付けられた停戦は、クラジナにおけるセルビア人とクロアチア人の間の戦闘、ユーゴスラビア連邦軍とクロアチア軍の間の戦闘、そしてボスニアにおけるセルビア人、クロアチア人、そしてイスラム教徒たちの間の戦闘を何度も阻止したが、停戦のたびに、彼らは次の戦闘に備えて新たに部隊の兵員を補充し、訓練し、装備を整えた。これによって戦争を長引かせ、死者数を増やし、破壊の範囲を広げたのである。

押し付けられた休戦は、(その後に和平交渉がなされなければ)人為的に紛争を凍結することになり、平和につながる敗戦の否認を劣勢側に許し、戦争状態を永続化させてしまうのだ。

確かに冷戦時代には、このような行動も正当化できる圧倒的な理由が存在していた。米ソの両超大国が、紛争に巻き込まれて自分たちが直接戦う羽目に陥るのを避けるために、連携・協力して中小国の行動を強制的に制限したからだ。

停戦の押し付けは、結果的に中小国間の紛争の全般的な数を増やすことになり、休戦は戦争状態を長引かせたのだが、この二つの結果は、(世界的な観点から見れば)核戦争の可能性を高めるよりははるかにましであったと言える。

ところが今日では、米露両国も、中小国間の紛争に競い合う形で介入するような動機は持っておらず、戦争に介入することによって生まれる不幸な状態は持続するが、それ以上の大きな危険は回避できそうだ。したがって、中小国間の小規模な戦争に介入せずに鎮火するまで待つ方が、皆にとって望ましいことなのかもしれない。

「無関心で安易な介入」が戦争を長期化させる

今日の停戦や休戦は、多国間の合意によって中小国に課されるようになっている。しかも、大国間の争いを避けるためではなく、むしろ「戦争の悲惨なシーンに対するテレビ視聴者の反感」のような、実質的に無関心かつ軽薄な動機からなされている。ところが、これこそが、戦争を平和に移行させるプロセスを(ゆがんだ形で)構造的に阻止してしまう恐れがあるのだ。

デイトン合意〔一九九五年のボスニア・ヘルツェゴビナ和平協定〕は、その典型だ。この合意は、一時的に戦闘を停止させつつ、ボスニアを三つの武装勢力に分断しておくことによって、敵対状態を半永久的に長期化させてしまったのである。この合意では、どの勢力も敗北や喪失に脅かされなかったために、持続的な解決を求めて交渉しようという動機を十分に持てなかった。しかも和平への道筋が明確ではなかったため、彼らの最優先事項は、破綻した経済や破壊された社会の復興ではなく、「将来の戦争に備えること」となってしまった。

もし介入がなければ、さらなる破壊や苦しみが生まれ、一方にとっては納得できない結果を生み出す可能性もあったが、それでも、「戦争が終わった後の時代」を真に開始できる、より安定した状態につながる可能性はあったのだ。平和が定着するのは、「戦争が本当に終わってから」なのである。

紛争への介入をビジネスにする国際組織

現在では、実に多くの国際組織が他人の戦争に介入することを己のビジネスにしている。これらの組織の際立った特徴は、戦闘を行うことは拒否しながら戦場に入り込むことである。長期的に見れば、このような行動は、ダメージをさらに拡大するだけだ。

仮に国連が、強い側が弱い側を迅速かつ決定的に打倒するのを助けるならば、国連の「平和維持機能」の強化につながるだろう。

ところが、国連平和維持部隊の最優先事項は、自分たちの兵員から犠牲者が出るのを避けることなのである。その結果、部隊の指揮官は、現地勢力の強い側に宥和《ゆうわ》的な態度をとることが多くなり、彼らの意向を受け入れるがゆえに不正行為の看過につながりやすくなる。しかも、この宥和策には、一般的に「強者側につく」というような戦略的な目的があるわけではなく、ただ単に「戦闘状態に巻き込まれるのを避ける」という以上の意図はない。そこから最終的に生じるのは、どちらか一方に力が偏ることによって戦闘終了に導くような、特定の結果の出現の阻止なのである。

平和維持活動の隊員も、戦闘に巻き込まれたり、意図的な攻撃に晒《さら》された現地民間人を力によって守れないことを心配している。ボスニアやルワンダのケースのように、国連平和維持軍は、「消極的な傍観者」という立場でいるのが関の山だ。ひどい場合には、ボスニアのセルビア人を、兵役対象年齢の男とそれ以外に分離することで、スレブレニツァ陥落に手を貸してしまったオランダの国連平和維持部隊のような役回りを演じることになる。

しかも、国連平和維持軍の派遣によって、「戦闘地域から脱出する」という民間人が普通に行うはずの解決法を阻止してしまう。「自分たちの身の安全は確保されている」という誤った思い込みをもたらすことで、国連平和維持軍は、手遅れになるまで民間人を戦闘地域に引き止めてしまうのだ。

たとえば、一九九二年から九六年まで続いたサラエボの包囲では、国連側の宥和政策と「保護されるはずだ」という民間人の思い込みが、非常に歪《ゆが》んだ形で現れた。

この時、国連平和維持軍は、停戦合意に従って、サラエボの民間人が脱出するのを阻止する目的で、国外へ向かうすべての航空機を検閲している。ところが、この停戦合意の相手は、現地で支配的だったボスニアのセルビア人で、彼らは何度も合意を破棄していたのだ。激烈な戦争に直面したイスラム教徒にとって、より賢明かつ現実的な対応は、町から脱出するか、セルビア人を追い出すかのいずれかだったのである。

ＥＵ、西欧同盟（ＷＥＵ）、ヨーロッパ安全保障協力機構のような制度機関は、国連平和維持軍が持つ初歩的な指揮系統や兵員さえ欠いているのだが、それでも、戦争に近い状態の現地に介入しようとしている。

そこから生まれる結果は、容易に予測できる。理屈の上では戦える部隊さえ持たないこれらの制度機関は、参加国の介入主義的な衝動（もしくはその制度機関自身の野望）を満足させるために動き、そうして非武装もしくは軽武装の「監視員」を送り込む。これは、国連平和維持軍の任務と同じ問題を抱えつつ、国連平和維持活動以上にゆがんだ形態だ。

ほとんど機能しない平和維持軍

ＮＡＴＯや西アフリカ諸国経済共同体平和維持軍（ＥＣＯＭＯＧ）のような軍事組織であれば、戦いを阻止する能力を持っている。このような組織による介入も、戦争状態を長引かせるという意味で破壊的な結果をもたらすだけだが、少なくとも、その結果から民間人を守ることはできるかもしれない。ところが、実際に守れるかどうかは怪しい。というのも、根底では無関心なまま介入に従事する多くの国が絡んだ軍事指揮は、あらゆる戦闘のリスクを避けようとするので、初めから効果は期待できないからだ。たとえば、ボスニアにおける米軍部隊は、戦闘の激化を避けようとして、結局、よく知られた戦争犯罪人がチェックポイントを何度も通過するのを見逃して、逮捕に失敗している。

さらにいえば、国際的な軍事指揮では、参加国部隊の行動の質を維持するのが、とくに難しい（最低限のレベルのパフォーマンスにまで落ちる可能性がある）。このことは、通常では質の高いはずの英軍のボスニアにおける例や、シエラレオネにおけるナイジェリア海兵隊の例でも確認できる。

部隊の堕落というのは、外部の観察者には見えにくいものだが、介入の参加者から、死者、襲われた者、強姦された者、被拷問者が出ることで明白になる。もちろん、この中には例外もある。ボスニアにおけるデンマーク軍の屈強な戦車大隊がそれだ。彼らは、いかなる攻撃に対しても全力で反撃して、素早く戦闘を手仕舞いしている。

コソボへのNATO介入の実態

これまで取り上げたすべての「無関心な介入」やそうした介入の限界は、現在のコソボをセルビア人から守るためのＮＡＴＯの介入にも見て取れる。

ＮＡＴＯは、自らの犠牲を出すリスクを最小化するために、エアパワー（空爆）ばかりに頼り、実際に、数週間にわたって一人のパイロットの犠牲も出さずに、セルビア、モンテネグロ、コソボをターゲットにした空爆を行っている。

ＮＡＴＯが、ユーゴスラビアの対空砲や対空ミサイルから逃れられたのは、ほぼ奇跡的と言っていいが、これは、何層にも敷かれた予防策によって実現したものだ。

第一に、メディアでは、大規模な作戦が行われたかのような映像や報道が流れたが、作戦開始当初の数週間における実際の出撃数は、実は、かなり限られていたのである。これによって、パイロットや航空機のリスクは減少したが、ＮＡＴＯが本来発揮できる能力にははるかに及ばないほど、空爆の範囲は限定された。

第二に、防空システムを狙った空爆作戦が最初に行われたが、これは、ＮＡＴＯ側に犠牲者が出るのを防ぐためだった。しかしこのことは、同時に、攻撃の限定という代償や敵に与える衝撃効果の喪失にもつながったのだ。

第三に、ＮＡＴＯは、あらゆる対空兵器の攻撃を避けるため、最適高度ではなく、極めて安全な一万五〇〇〇フィート（四五七二メートル）の上空から爆弾を投下した。

第四に、NATOは、天候が不完全な時には、すぐに作戦を中止している。NATO幹部は、「分厚い雲が空爆作戦を妨害し、夜間の作戦では、すでに判明していた手堅いターゲットに対するわずかな数の巡航ミサイルによる攻撃しかできない」と不満気に語っていた。実際のところ、厚い雲によって阻止されていたのは、「あらゆる空爆」ではなく、「完全に安全な空爆」だったのである（低高度からの爆撃は容易だったからだ）。

空高く飛んでいる航空機のはるか下の地上では、装甲車に乗った小集団のセルビア人兵士や警官が、数万人のコソボのアルバニア人をテロ行為で弾圧していた。NATOには、このような装甲車を捕捉して破壊するための航空装備が一式揃っており、主要国の中には、対戦車ヘリを持ち、しかも、そのなかには基地のサポートを受けずに作戦行動できる部隊もあった。

ところが、民族浄化が始まった時点で、それらをコソボに投入する、と提案した国はなかった。おそらく撃墜を恐れたからであろう。

ドイツに駐留しているアメリカのアパッチ・ヘリコプターは、最終的にアルバニアで使用されたが、それでも、「即応状態」を実現するために長年にわたって莫大な資金をかけてきた割に、最初の作戦を開始するための「派遣前準備」に、三週間以上も要したのである。しかも、戦争開始から六週間たっても、アパッチは、まだ任務を開始できず、すでに二機は訓練中に墜落していた。この途方もない遅れの理由は、単なる官僚的な作業の遅さだけに帰されるものではない。

米陸軍は、アパッチ単独では行動できず、まずはミサイルなどの集中砲火によってセルビア側の対空兵器を制圧する必要があると主張した。こうなると、兵站《へいたん》的には、アパッチ単独の場合よりも、はるかに負担が大きくなり、必然的に作戦開始がさらに遅れることになったのだ。

アパッチ問題が始まる前の時点から、NATOは、すでに同じような任務をこなせる航空機をイタリアの航空基地に派遣していた。低高度からの近接航空支援に最適な、三〇ミリの強力な対戦車砲をそなえたアメリカのA－10（通称イボイノシシ）や、英空軍のハリアーなどである。ところが、この両兵器とも使用されず、その理由も、「完全に安全な状態でなければ使用できない」というものだった。

NATO参加国の民主制度の下では、眼前の何千人ものアルバニア人を虐殺から救い、何十万人もの難民発生を阻止することよりも、数人のパイロットの命を守ることの方が価値が高かったようである。

これは、確かに「政治の現実」を表しているのかもしれないが、大規模な「無関心の介入」では、表向きの「人道的な目標」すら達成できないことが露わになってしまった。われわれは、「コソボにとってはNATOが初めから何もしなかった方が良かったのではないか」と真剣に疑ってみる必要がある。

難民支援が難民を永続化させる

戦争における最も無関心な形の介入――そして最も破壊的な介入――は、人道支援活動である。その最大規模で最長期の介入が、国連パレスチナ難民救済事業機関（UNRWA）だ。

これは、第二次大戦直後のヨーロッパで強制移住させられた人々のためのキャンプを運営した機関の前身である、国連救済復興機関（UNRRA）をモデルとして創設された。UNRWAは、第一次中東戦争（一九四八〜四九年）の直後に、以前はパレスチナ領であったイスラエルの地域から逃れたアラブ系の難民に、食事、住居、教育、そして医療関連サービスを提供するために設立された機関だ。

ヨーロッパのUNRRAのキャンプは、難民に対して迅速な移住や現地での定住を促すような「スパルタ的」な条件を課すことで、戦後の不満を鎮め、失地回復を狙う民族集団を分散させる役割を果たした。

ところが、レバノン、シリア、ヨルダン、ヨルダン川西岸地区、ガザ地区のUNRWAのキャンプは、以前のアラブ現地住民の大部分の暮らしよりも、比較的高いレベルの生活環境を全体的に提供しており、しかも変化に富んだ食事や制度の整った教育、極めて優れた医療制度も整備されて、荒野における重労働も見られなくなった。こうしてパレスチナの難民キャンプは、戦後の一時期のヨーロッパのような、「すぐに逃げ出したくなる場所」ではなく、「望ましい住処《すみか》」となってしまったのだ。さらにアラブ諸国の援助もあり、UNRWAは、逃亡していた民間人を「生涯を通じての難民」に変えてしまったのであり、彼らは、また難民となる子供を産み、その子供たちも、難民の子供を産むことになったのである。

つまり、UNRWAは、五〇年間にわたる活動を通して、「パレスチナ難民国家」をつくり上げてしまったのだ。一九四八年時点の不満をそのまま保全し、失地回復《レコンキスタ》に向かう情熱の輝きを完全に持続させてしまったのだ。

UNRWAは、その存在そのものが、パレスチナ難民の現地への定住化を思いとどまらせる機能を果たし、移住を抑制してしまった。さらにいえば、パレスチナ人を難民キャンプに集中させたことにより、若い難民を自発的に、あるいは強制的に武装組織へと参加させることになった。

難民支援が紛争を永続化させる

要するに、UNRWAは、半世紀にわたるアラブ・イスラエル紛争の持続に貢献してしまったのである。しかも、いまだに平和の到来を阻止しているのだ。

もしヨーロッパでUNRWAのような組織が創設されていたら、今日のヨーロッパは、数百万人もの、戦争で家を失ったローマ化したガリア人や、放浪するバンダル族、敗北したブルゴーニュ人、そして行き場を失った西ゴート族、そして一九四五年以降のズデーテン地方のドイツ人（一九四五年に三〇〇万人がチェコスロバキアから追放された）などで溢れる、巨大な難民キャンプだらけの場所になっていたはずだ。そしてこのヨーロッパには、戦闘的な部族の難民キャンプが、互いに交じり合うことなく対立状態でそれぞれ存在し続けたはずだ。それぞれの難民キャンプを援助することは、道義心の衝動を和らげるのには役立ったかもしれないが、逆に、永続的な政情不安や暴力にもつながっただろう。

UNRWAと同じような組織はいくつもある。

たとえばタイの国境沿いにあるカンボジアの難民キャンプなどはその一例であり、しかもここは、虐殺を行ったクメール・ルージュにとって安全地帯となっているのだ。

ただし国連は、財布の紐の堅い国家の分担金により資金面で制約を受けているために、これらのキャンプの平和への障害の影響は、少なくとも現地の中だけに留まっている。

国連より害悪のあるNGOの介入

現在急増中で、互いに競合的な、戦争難民を支援する非政府組織（NGO）は、これとは事情が異なる。

他のあらゆる制度機関と同様に、NGOも、自らの組織の永続を目指している。したがって、彼らの最優先事項は、目立つような状況下での活躍を誇示することで、善意の寄付を募ることにある。

最も劇的な自然災害こそ大衆メディアの関心を集めるが、これは一時的なものだ。地震や洪水が収まれば、カメラは去ってしまう。ところが、戦争難民の方は、比較的アクセスのよい難民キャンプに活動を集中させれば、メディアはいつまでも報じてくれる。

先進国同士の戦争は極めて稀となり、NGOにとっては、メディアで取り上げてもらうチャンスが減少している。だからこそ彼らは、世界で最も貧しく厳しい地区の難民の支援に力を注ぐのだ。

こうなると、食糧、避難所、そして医療サービスなどが、現地の難民以外の住人が自発的に準備できる量（といっても西洋の基準ではかなり低いが）を越えてしまう。その結果は容易に予測できる。

ルワンダとの国境沿いのコンゴ民主共和国の巨大な難民キャンプは、その突出した例だ。この難民キャンプのおかげで、紛争によって雲散霧消したはずのフツ族は生きながらえ、これによってルワンダの国家統一は不可能となっている。しかもフツ族の過激派にとって、ここが、「越境侵入してツチ族を殺すための基地」となっているのだ。人道介入は、ルワンダにおける緊張を長期安定的な解決へと導くチャンスを失わせているのである。

難民となった民族を生きながらえさせ、彼らの怒りを半永久的に保存してしまうことは、それだけで十分にまずいことだが、継続中の紛争に物的支援を行うことはさらにまずい。

NGO活動の多くは、結果的に、活動的な戦闘員を供給しているのである。彼らは、そもそも武器をもたないので、自らが支援する食糧配給所、病院、保護施設から、現地の武装した戦闘員を排除できない。難民は、基本的に戦闘で敗れた側の人々によって構成されているので、そのなかの戦闘員は、基本的に「撤退戦」を行っているに等しい。ところが、ここでNGOが彼らの支援のために介入することによって、敵側が決定的な勝利を収めて戦争を終わらせる、というプロセスを構造的に妨害してしまうのである。さらにNGOは、両者を公平に助けてしまい、互いが戦いで疲弊することから生まれるはずの講和への動きを阻止してしまうのだ。

ソマリアのようなかなり極端なケースでは、NGOは、自分たちの安全を確保するために現地の軍閥などにカネを払い、それが彼らの武器購入資金となったりする。このようなNGOは、「戦いの緩和」という彼らの表向きの目標など実現できず、かえって戦争を長期化させてしまっているだけだ。

「戦争が平和をもたらす」という逆説

今日では、あまりにも多くの戦争が「終わることのない紛争」となってしまった。その理由は、外部からの介入によって、「決定的な勝利」と「戦争による疲弊」という二つの終戦要因が阻止されるからだ。

ここでの問題は、古代から戦争につきまとってきた問題とは異なる。「無関心な介入」によって生みだされるのは、今日の新たな不正行為の害悪であり、この害悪は排除すべきなのだ。政策担当のエリートは、他国の戦争に介入したい、という感情的な衝動を積極的に拒否すべきなのである。他人の苦しみに無関心であれ、ということではない。むしろ真に関心を寄せるべきであり、そうした介入の拒否は、平和が生みだされる条件を整えるために必要なのだ。

アメリカは、他国による国際介入をリードするのではなく、逆に、不介入を説いて思いとどまらせるべきである。

国連の難民救済活動においては、紛争勃発直後に発生した難民に対し、本国への送還、現地での定住、もしくは他国への移住を迅速に実現させ、半永久的な難民キャンプの設立を禁止するような、新たなルールづくりが必要だ。

介入主義的なNGOの活動を制限するのは不可能だろう。しかし各国政府は、少なくとも公式には、彼らを支持したり、財政的に支援したりすべきではない。

このような主張は、一見すると極めて非常識なものに見えるが、実は、戦争の「パラドキシカル・ロジック（逆説的論理）」の根本的な把握や、戦争の唯一有益な機能は「平和をもたらすこと」にあり、それを邪魔せずに機能させる必要がある、という確かな認識に基づいているのだ。

3

尖閣に武装人員を常駐させろ——中国論

原　題　中国――尖閣に武装人員を常駐させろ
初　出　『文藝春秋』二〇一七年一月号
＊一部修正の上、収録

尖閣をめぐる状況は変わりつつある

最初に申し上げなければならないのは、残念ながら、先日の安倍総理との会談内容については守秘義務があり、いっさいお話しすることはできないということだ。ただ、これだけは言える。私が見たところ、安倍総理はまれに見る戦略家だ。

日中関係で日本のみなさんが最も関心を持つのは、尖閣諸島に関する問題だろう。

私は、二〇一六年三月に上梓《じょうし》した『中国《チャイナ》4・0——暴発する中華帝国』という本の中で、尖閣の問題について「封じ込め政策」を提案した。これは極めて受動的な政策で、ひたすら中国の出方に「反応する」ことに主眼があった。中国が何かするまでは、日本は何もしないが、何かした時のための準備は周到に整えておく、という考え方だ。

たとえば、もし中国が軍の部隊を尖閣に上陸させて占拠したら、どうするか。

第一に、中国を尖閣から排除するためには、アメリカの支援が必要だ。だから、そのためのパイプを常に磨いておく必要がある。

第二に、アメリカだけに依存せず、独力で奪還する備えも要る。海上保安庁、海上自衛隊、島に上陸するための陸上自衛隊の特殊部隊、制空権を掌握するための航空自衛隊。それぞれが能力を磨き、いつでも相手の出方に対して「封じ込め」ができるよう、あらゆる準備をしつつ、こちらからは何もしない。これが、当時の私が提唱した「封じ込め政策」の骨子だった。

中国のローコストでメリットのある作戦――「漁民」の上陸

だが、『中国4・0』を出してから九カ月が過ぎ、状況は刻一刻と変わりつつある。

そもそも、中国公船による尖閣周辺の領海への侵入が常態化したのは、二〇一二年秋だった。それまで民間人が所有していた尖閣諸島を日本政府が国有化したからだ。そこから徐々にエスカレートし、ついに二〇一六年六月には、中国の軍艦が領海を取り巻く接続水域内を航行した。さらに八月には、約三〇〇隻という中国漁船の大集団が領海に現れた。

こうした事態を知り、私は考え方を修正することにした。

中国と対峙する際に、「あいまいさ」は最も危険で有害なものだ。日本政府は、これまで、中国漁船が尖閣周辺の接続水域で操業するのを許してきた。同時に、日本の漁船も、同じ場所で操業してきたわけだが、これこそが私が危惧する「あいまいさ」である。

日本政府は、尖閣問題について、決して自国中心の見方をしてはならない。「日本が尖閣についてどう考えているか」は、中国にはまったく関係がないからだ。問題になるのは、ただ「中国が尖閣をどう見ているのか」であり、「中国が尖閣で何をやってくるのか」だけである。

今の状態が続けば、習近平が「決断」さえすれば、いつでも「漁民」を尖閣諸島の最大の島、魚釣島《うおつりしま》に上陸させることが可能になる。習近平にとってみれば、これは、極めてローコストで、しかも成功すればメリットのある作戦だ。日本と交戦する準備も、軍事計画も、不要だからだ。何人かの「漁民」に国旗を持たせ、「上陸せよ」と言えば、それだけで済む。失敗してもさしてデメリットはない。一部の酔狂な「漁民」が勝手にやったことだ、と言えば終わりだ。

では中国と尖閣をめぐって問題を起こさないようにするために、今やるべきことは、一体何だろうか。それは、日本が先手を打って、魚釣島で物理的にプレゼンスを示すことだ。目的は、中国を挑発することではない。日本は、尖閣の実効支配を明確に中国側に伝えるためにこそ、人員を配備すべきなのだ。これによって「あいまいさ」を排除し、中国が「漁民」を上陸させることを防ぐのだ。

中国外交の特異な構造——通常の外交ルートが機能しない

中国と対する際に、何より重要なのは、中国政府の外交の特異な構造をよく理解しておくことだ。

中国の外交部（外務省に相当）は、私が知る他のどの国の外務省とも異なる性質を持っている。

外交部が集めた情報は、決して「中央」には到達しない。各国で集められた情報は、北京の外交部には届くが、そのボスである習近平には届いていないのだ。

習近平は常務委員には定期的に会っているが、そもそも外交部の人間は、中国共産党の最高意思決定機関である常務委員会に参加していない。

だから、日本にいる中国大使を呼び出して「こうして欲しい」などと囁《ささや》いても、習近平には、何の効果もない。通常の外交ルートを使っても、まったく意味がないのだ。

そのことを踏まえた上での私の個人的かつ具体的な提案は、サンゴ・漁業保護部隊のような組織を結成して、その隊員を尖閣に駐在させるというものだ。

彼らには、そのような部隊が本来持つべき軽い武器などを携帯させ、制服は明るい青色のものを着用させ、日ごろからシュノーケリングやスキューバダイビングをさせる。こうすれば、中国の沿岸警備隊（海警）の公船や漁船も近づけないし、中国の漁民が上陸することもできなくなる。

つまり、ドアに鍵をかけて出かけるのではなく、泥棒に対して「ここは私の家ですよ。中にいつも人がいますよ」とアピールするのだ。泥棒に対して、「そこに入って盗みを働いても何も良いことはない」というシグナルを強く送るべきなのである。

もちろんこのような私の提案に対しては、もっともらしい反論が可能だろう。

「中国は今のところ尖閣に対して具体的なことは何もしてきていないのに、そのような行動は挑発的すぎる」

「日本側のイメージが悪くなるばかりだ」

このような意見は、一見、納得できる。だが、果たして本当にそうだろうか。危機は、すぐそこに迫っている。このまま何もしないでいたら、どのようなことが起こり得るか、具体的に考えてみよう。

リスクの高い奪還作戦

私が日本の報道で知った情報によれば、いざ中国側が尖閣に上陸してきた場合、日本政府の対応として考えられているのは、ヘリで警察官を送り込むことだという。

だが、これは非常に拙《つたな》いアイディアだ。中国の怪しい「漁民」が尖閣に上陸したとしよう。彼らは信号弾（空中で炸裂すると色のついた光を発する弾丸で、連絡用などに使われる）を持っている。もし信号弾を撃ってきたら、警察官を運搬するヘリは、視界を遮られ、島に到着できないリスクがある。

加えて、ヘリによる島の奪還は、元来、極めて脆弱《ぜいじゃく》な作戦だ。天候などの要素に大きく左右されるというのが、その一番の理由だ。

さらに最悪なのは、ヘリで送り込んだ警察官が現場の状況に対応できないような場合だ。中国側の「漁民」が武装していれば、狙撃されておしまいである。

したがって、このようなハイリスクな奪還作戦を考えるよりも、予《あらかじ》め尖閣に軽武装した人員を送り込み、常駐させるべきだ。いわば「静かな占領」を行っておく方が、はるかにベターなのである。

「訓練」と「演習」の違い――自衛隊に必要なもの

冒頭で申しあげたとおり、現在の日本のリーダー、安倍首相は、まれに見る戦略家だ。

最近、自民党の総裁任期が延長され、安倍首相が率いる内閣が二〇二一年まで続く可能性も出てきたと耳にした。

日本のような大きな国のシステムや経済を改革しようとすれば、当然ながら、長期政権が必要になってくる。以前の日本は、首相が頻繁に代わりすぎた。あれでは、いかなる構造改革も不可能だ。安倍政権の長期化は、日本が本格的に必要としている構造改革の実現性を高める可能性がある。

もちろん、私は、日本国内でどのような改革が必要かを分析する専門家ではない。仕事柄、私が注目するのは、とくに安全保障の分野だが、この分野で日本政府は、すでに本格的な構造改革を進め始めている。国家安全保障会議の創設（二〇一三年末）などは、まさしくそれにあたる。インテリジェンス（諜報活動）や海外での能力構築の分野では、まだ立ち遅れているかもしれないが、長期政権の下でなら、今後いっそう整備が進むだろう。

そこで重要になってくるのが、自衛隊の作戦行動に関する分野である。私は、戦略的な方向性として、日本の自衛隊を「自衛隊」のままにしておくべきだと考える。つまり専守防衛の方向性で、このまま将来も進んでいくのが、基本的には、最も正しいと思っている。

ただし一つ問題がある。中国だ。たとえば、中国が南シナ海・南沙諸島周辺で七つもの人工島を造成し、軍事拠点化に向けて人を送り込んでいる事実を踏まえると、今後、日本の自衛隊は、より迅速に作戦行動を行えるように体制を整えることが重要になってくる。

そのために日本の自衛隊に必要なのは、「訓練《トレーニング》」ではなくて「演習《エクササイズ》」なのである。「訓練」と「演習」は違う。もちろん「訓練」の土台がなければ、「演習」はできないのだが、「訓練」だけでは意味がない。

「訓練」とは、「一人の人間を一人前の兵士にするまでのプロセス」を指す。戦場で武器や通信機器を自在に使えるようになるまで徹底的に教えることである。そして「新米兵士の集団を、戦闘が可能な真の『兵士』にする」ために必要となるのが、「演習」だ。ここに至って初めて、本格的な作戦を実行できるのだ。

尖閣で想定されるような島嶼奪還作戦を行うためには、部隊が何度も「演習」を行っておく必要がある。

軍事行動とは常に一期一会である。古代ギリシャのヘラクレイトスは、「二度と同じ川に足を踏み入れることはできない」という格言を残しているが、これは、どの国の軍隊にとっても当てはまる真理だ。チャンスは常に一度しかなく、任務に同じことは一つとしてなく、やり直しがきかないのだ。

あなたが寿司屋の板前だったら、毎日が同じことの繰り返しだろう。魚を仕入れて、それを切り、握って出す、という作業は、細部の差こそあれ、基本的には同じ営みである。ところが、軍隊にはそれはありえない。直面する状況や任務は、まさに一期一会だからだ。

日本の自衛隊は、果たして真の「演習」をしたことがあるだろうか。毎年夏に、富士総合火力演習をやっている、という話はよく耳にする。正確無比な精度で行われているハイレベルなものだ、ということも知っている。

だが、「正確無比に行えるということ」と「実際の現場の戦闘力」とは、ほとんど関係がない。そのような演習は、単なる演劇のリハーサルと変わらないからだ。「演習」で学ばなければならないのは、失敗した状態、つまり物資や人員が足りない状態の中でも任務を実行するメンタリティ（精神性）だ。

私は、世界の多くの国の軍隊を見てきたが、まったく意味のない訓練を演習としている軍は数多い。決定的にリアリズムに欠けているのだ。

自衛隊には災害派遣の経験があり、部隊を派遣するという意味で、練度は上がっているかもしれない。しかし、災害派遣では、戦略的な動きは学べない。

日本の自衛隊に本当に重要なのは、自由意志を持った敵との対峙だ。加えて、日本は、国土の隅々まで国民によって使われているので、国内で大規模な詭動《マニューバー》を学べない。さらに言えば、残念ながら自衛隊の規模は、日本のような大きな島国を守るには小さすぎる。それらを克服するためには、「改革」が必要である。

「中国封じ込め同盟」への貢献

自衛隊や日本の安全保障の問題を考えるうえで、アメリカとの関係は避けて通れない。二〇一六年一一月一八日、ニューヨークで行われた安倍首相とトランプ次期大統領の会談は、大きな意義があった。これで多くの問題が解消できる、と私は考える。トランプ氏が、全世界のリーダーのうちで最も早く安倍首相と会ったことで、「安倍首相が決断力のあるリーダーだ」と世界に喧伝したからだ。大国アメリカの次期トップが、「安倍首相は一緒に解決法を模索できる人物だ」と判断したことを明確に示したのだ。

今後も日米関係は、トップ同士が率直にさまざまな問題について解決の糸口を話し合うことになるだろう。個人的に言えば、中曽根康弘首相とロナルド・レーガン大統領の時代の友好関係以上のものになりうる可能性を二人に感じている。トランプ氏の「安倍首相との偉大な友好関係の始まり」と述べた様子からは、本気が感じられた。

トランプ氏は、集団的自衛権行使容認に代表される「日本が安全保障面で国際的な責任を背負う」という安倍首相の姿勢については、まったく問題がない、と判断している。むしろ積極的に賛意を示すだろう。

したがって、トランプ氏が、安全保障面で日本にネガティブな印象を持つことはない。選挙戦中にはさまざまな発言があったが、米軍の日本からの撤退なども起こり得ないだろう。在日米軍の駐留費用などについても、高圧的で無礼な押し付けはしないはずだ。

その代わり、「中国封じ込め同盟」への貢献という意味で、アメリカの日本への期待は高まるはずだ。二〇一五年に安倍政権は、ＯＤＡ（政府開発援助）の基本方針を改定している。それまでは、他国の軍への支援は禁止されていたが、「非軍事分野」に限って認められるようになった。軍の病院の改修や巡視艇の供与などが含まれうる。

これを今後さらに進め、いわば「軍事的ＯＤＡ」のようなものが日本に求められる可能性が出てくるだろう。またマレーシア軍との海上における合同パトロールやその装備面での支援、自衛隊自身の現場での活動などが期待される雰囲気が、今後も醸成されていくはずだ。

領土問題がすぐに解決しなくとも対露関係は日本の国益

トランプ氏が、日本に対して、国防への投資を今よりも多くするよう働きかけることは間違いない。ただ、そこに高圧的な要求というものは存在しないだろう。

日中関係を考える上では、もう一つの大国ロシアと、日本の関係が改善してきていることは見逃せない。

二〇一六年一二月一五日には、安倍首相の地元を訪問するようだが、プーチン氏の言動からは、過去の日本の首相に対する態度と明らかに異なる敬意が感じられる。これまでの日本の首相は、就任してもすぐに交代してしまうし、単なるアメリカの従僕とみなされていた。ところが安倍首相については、さまざまな国際会議の場でも、グローバルなリーダーの中の最古参の一人だと認識している様子が見て取れる。これは、一九四五年以降の日本に初めて起こったことではないだろうか。

ただ、北方領土に関していえば、私は決して楽観的ではない。プーチン氏は、「ロシア帝国」を修復するまでは領土拡大を続ける、と考えているからだ。それはもちろん、どれだけ経済制裁を科されても、クリミア半島を維持し続ける、ということも含んでいる。

プーチン氏自身が、今後、日本との摩擦のタネになっている小さな四つの島について真剣に考えることも、あるいはあるかもしれない。だがそれは、プーチン氏にとって「ロシア帝国」を修復するという問題に比べれば、優先順位がかなり低いだろう。

プーチン氏が自国民に発しているメッセージは、以下のようなものだ。

「ロシア国民よ、あなたがたは、アメリカ人のようにリッチにはなれないし、フランス人のようにエレガントにはなれないし、イタリア人のように美味しいものも食べられない。しかしあなたがたは、世界最大の領土を持つ帝国の人間であり、これは誰に与えられたものではなく、戦争に勝つことによってロシア人自身が獲得したのである。前任者はロシアの帝国の多くを失ったが、私（プーチン）は絶対に領土を失うことはない。むしろ取り返すつもりである。だからその代わりにロシア人は耐えなければならない。帝国の人間として耐え忍んでほしい」

これが、二〇〇〇年に最初に大統領になって以来、プーチン氏が発し続けている一貫したメッセージだ。

このメッセージに対してロシア国民たちは、「いいでしょう。あなたの言う通り耐え忍びます。国際的な経済制裁にも負けずにがんばります」と言っているのだ。食費が多少高くなっても、クリミア半島やウクライナのためなら我慢します、と言っているのである。

こうした文脈の中で安倍首相は、ロシアと領土交渉をしなくてはならないのだ。私がなぜ楽観論に立たないか分かるだろう。

私が常々申し上げていることだが、中国は、非常に「不安定」な国である。世界一の人口を抱え、世界第二位のGDPを持つにもかかわらず、アフリカの小さな独裁国家のように不安定なのが、中国の本質だ。

彼らは、二〇〇〇年代の一六年間に、「平和的台頭」という協調路線から、「対外強硬路線」、「選択的攻撃」と、三度も対外政策を大きく変えている。普通の国ならば三〇年に一度の大転換を、彼らは驚くべき頻度で行っているのだ。

こうした「不安定」な国を隣に抱えているのは、非常に骨の折れることだ。

ただ、これまで述べてきたように、日本がアメリカやロシア、そして他の国々とも友好的な関係を保っていること自体が、最大のリスクヘッジとなっている。それが、私が安倍首相をまれに見る戦略家と呼ぶ所以《ゆえん》である。

4

対中包囲網のつくり方

――東アジア論

聞き手　奥山真司
収　録　二〇一六年一〇月、東京駅近くのホテルにて

巨大で不安定な隣国

日本は、非常に奇妙な問題に直面している。隣国中国の存在だ。

中国は、巨大な国であり、成長率は鈍化しつつも、経済は拡大している。問題は、そのような中国の対外政策が、アフリカの小さな独裁国家のように不安定であることだ。

中国の第一の特徴は、公式的にも、一六年間に三度も対外政策を変えている、という点にある。もちろん国家というのは、しばしば対外政策の大方針を変えるものだが、それでも、二〇年ごとや三〇年ごとに一度というのが通常のペースだ。

中国の第二の特徴は、社会は急速に変化しているのに対して、独裁制はそれほど変わっていない、という点にある。つまり、独裁政権下で、経済成長率の鈍化と社会の急速な変化が同時に起こっているのだ。

経済成長が起こると、社会は急激に変化する。ところが経済成長率が鈍化しても、社会の変化も、それに伴って鈍化するわけではない。むしろ社会の変化は、より加速するものだ。鈍化した経済は、混乱を巻き起こし、それが構造変革へとつながるからだ。たとえば鈍化した経済では、産業も活気を失うわけだが、その産業から失業者が生まれる。失業は、人々の生活に変化を強制することになり、これが社会の変化を生み出すことになる。対外政策が安定性を欠き、社会構造の変化が加速していることが、中国の政治的な統治に大きな問題を巻き起こしているのである。

成長の鈍化と社会の変化で困難になる政治的統治

政治面での統治は、社会の変化に伴ってますます難しくなっている。

まず共産主義のイデオロギーの力の長期的な減退によって、中国の統治は難しくなっている。さらにイデオロギーの代わりとなる経済成長も減退していることによって、その難しさにいっそうの拍車がかかっているのだ。

一九六七年から二〇一二年にかけて、中国ではイデオロギーの長期的な減退がみられる。言い換えれば、北京政府が、イデオロギーを使って政治的なコントロールを行う力が弱まっているのだ。

当初、この減退は、経済の急成長とマッチしていた。この急成長から得られる経済的利益のおかげで、国民は、イデオロギーから離れはじめ、物理的な面で満足を得ることができていたからだ。

ところが、現在、北京政府は、イデオロギーの継続的な減退と共に、経済の急成長や国民の収入の上昇を望めない事態に直面している。

これは、習近平の仕事が日ごとに難しくなってきていることを意味する。イデオロギー面で国民を統制できないだけでなく、賃金上昇によって国民の不満を鎮めることもできなくなっているのだ。

習近平以後の粛清を恐れる

ここに、第三の問題が加わる。権力を最大限集中化させるために、習近平が胡錦濤《こきんとう》の信奉者の粛清を決心したことだ。彼は、前権力者が確立したエスタブリッシュメントの陰で生きることを拒否し、代わりに自分の信奉者を後に据えたのである。

その手段が汚職撲滅である。これを理由に粛清を正当化しているのである。

ところが、ここで矛盾が生じる。そもそも中国の政治システムは、汚職で成り立っており、そのトップにいるのが習近平だからだ。彼の一族が極めてリッチであることは周知の事実である。

二〇一六年現在、このプロセスは、危機に直面している。習近平の忠誠なる信奉者となる人々が少なくなってきているからだ。

共産党の幹部や中国政府の高官は、習近平の信奉者として名乗り出るのを躊躇《ちゅうちょ》している。習近平の任期が、残り六年を切っているからだ。

彼らとしては、「習近平に忠誠を尽くしても、彼の後継者が習近平の信奉者を粛清するはずだ」と考えざるを得ない。

粛清となれば、仕事を失うだけではない。犯罪者として逮捕されたり、家族や親族のほとんどまでが被害に遭うかもしれない。大学まで行かせた息子や娘も、突然、悲惨な境遇に追い込まれてしまうかもしれないのだ。

習近平の信奉者として目立ってしまえば、次の政権では自動的に粛清されてしまう。そのような事態を恐れて、共産党の幹部や政府高官は、とりあえず党の仕事などは続けるが、余計な発言で目立つことは避けている。要するに、「習近平の側の人間」と見られるのを避けているのだ。

こうして習近平の統治力は、日々弱体化している。中国専門家も、この事実に気づき始めている。

習近平は「核心的リーダー」になれるか？

これに対して習近平も、ただ手をこまぬいているわけではない。「核心的リーダー」という地位を復活させ、みずからその地位に収まろうとしているのである。

「核心的リーダー」とは、「決してリタイアしない人物」のことだ。現在の習近平は、後継者を育成して効果的に動員できなくなってきている。この問題を打開するため、彼は、「核心的リーダー」という地位を手にしようとしているのだ。

「核心的リーダー」とは、毛沢東《もうたくとう》や鄧小平《とうしょうへい》のような存在だ。政治的任期を終えた後でも、「引退」はせず、終身的リーダーとして生きる、ということである。

江沢民が政権を引き継いだ時、鄧小平はどうしたか。

彼は、一九八九年に引退したが、引退後も、影響力を持ち続けた。改革開放路線を呼びかけた「南巡講話」などはその一例である。死に至るまでの八年間、彼は、実質的にボスとして君臨し続けたのだ。これが「核心的リーダー」であり、彼の信奉者は、江沢民政権下でも粛清されなかった。

習近平も、「核心的リーダー」となることによって、実質的に「リタイアはしない」と宣言できれば、彼の信奉者も、次の政権での粛清を恐れずに済む。

しかし、「核心的リーダー」への道は、決して平坦ではない。次のステップとして、抵抗と混乱が待っている。なぜなら、習近平が「核心的リーダー」になることを許さない勢力が存在し、習近平も、「核心的リーダーとは何か」を明確には定義できないからだ。「俺は、こういう理由から胡錦濤とは異なる核心的リーダーだ」とは言えないのである。

隣国さえ理解しない中国

隣国の中国がこれほど不安定な状態にあるのは、日本にとって大問題だ。

さらに厄介な問題がある。中国は、隣国を完全に見誤る伝統を持っている点だ。二〇一四年に起きたベトナム沖の海底油田をめぐる事件が、その典型である。

当時の中国は、船の数で圧倒すれば、ベトナム側は引き下がる、と考えた。ところが、実際には、戦いは、海から陸に移り、中国人の旅行者や商店に対する暴動や焼き討ちが起こり、中国側は、ベトナム沖の海底油田からの撤退を余儀なくされた。

ベトナム側が態度で示したのは、「これは子供の遊びではない、戦争だ」ということだ。海に四〇隻浮かべたから勝てるような遊びではない、というのだ。ベトナム国内にいる中国人を見境なく攻撃し、いざとなれば雲南省にも攻め込むぞ、という意志をベトナム人は見せつけたのである。

北京政府が、パラグアイやウルグアイの行動原理を理解できなかったとしても、それは仕方がないだろう。ところが、ベトナムは隣国である。隣国の行動原理は、理解できていなければ話にならない。ベトナムという隣国をこれほど完全に見誤まるというのは、あってはならないことだ。

ベトナムの歴史を思い浮かべれば、すぐに分かることだ。彼らは、大国に決して屈しない。中国に抵抗し、フランスに抵抗し、アメリカに抵抗し、再び中国に抵抗しているのだ。

この理解力のなさは、一九七九年の中越戦争を考えても驚きだ。この時の中国は、ベトナムのカンボジア侵攻を阻止しようとして、ベトナム領内に入ったが、ベトナム側は、中国の動きを封じ込め、反撃したのである。中国側の被害は甚大であり、クメール・ルージュ政権を守ることに完全に失敗した。

つまり、ベトナムは、中国にとって、隣国であるだけでなく、つい最近も、一度敗北した相手なのだ。にもかかわらず、今回もまた失敗を繰り返しているのである。

習近平を始めとする中国の政治指導層は、外の世界から隔絶されたところで物事を判断しているのだ。無数の国内問題に対処するのに精一杯で、外の世界に目を向けていないのである。

そもそも、中国外交には、組織的欠陥がある。

たとえば、外交部が報告するのは、国家運営委員会だが、実際に物事を決定するのは、中国共産党の最高意思決定機関である中央政治局常務委員会だ。そして国家運営委員会と常務委員会が十分に連携していないので、政策を実質的に決定する部門が、国外の理解や自国が置かれている情勢についての認識を欠いてしまうのである。そのため、対外政策において、不安定さと無能さを露呈してしまうのだ。

日本を理解しない中国

このことは、日本にとって、明確で重大な意味を持つ。中国が理解できていないのは、ベトナムだけでない。日本やその他の国も含むからだ。

もちろん大国にとって、「外国のことを知らない」というのは、普通のことだ。大国とは、自国から遠いところで活動することが多い。たとえば、アメリカがそうである。イラクを完全に見誤ったり、アフガニスタンの状況を誤認したりする。アメリカのような大国にとって、自国から遠く離れた国の情勢を見誤ることは、仕方のない面もある。

しかし中国は、アメリカ以上に「内向き志向」で、隣国についての勘違いが甚《はなは》だしい。しかも誤解がとりわけ著しい国の一つが日本だ。これも二〇一四年の事例から分かる。当時、日中間では、「日本は尖閣が係争地であることを認めよ」との中国の要求をめぐって交渉がもたれた。さらに中国側は、安倍首相に「『靖国神社に参拝しない』と公式に発表せよ」と迫っている。

この交渉は長引き、国家安全保障局長の谷内正太郎《やちしょうたろう》は、北京に七度も通っており、中国の楊潔篪《ようけつち》も、同じくらいの頻度で来日しているのだが、中国側は、ほとんど成果を挙げられなかった。

なぜか。彼らが、日本を完全に見誤ったからだ。彼らは、安倍首相を「優柔不断なリーダー」と見て、「中国を怒らせるのを恐れる、ビジネス優先の政治家だ」と思っていたからだ。

アメリカが、遠く離れたイスラム系の国の事情を誤解するのはあり得るとしても、中国が隣国の日本やその首相を見誤るのは、いかがなものか。安倍首相の一族が、一〇〇年近く権力に近いところにあり、国益に関してハードな姿勢を保っていることは、周知の事実であるにもかかわらず。

日本の「あいまいさ」が中国の誤解を生む

日本は、ここからいかなる教訓を引き出すべきだろうか。

前章でも述べたように、まず日本がすべきなのは、中国に対して、「あいまいな態度」を極力排除することだ。

国際関係における「あいまいさ」は、相手に余計な選択肢を考えさせることにつながる。つまり、「あいまいさ」を排除するとは、相手に余計なスキを与えない、ということだ。中国に対して「あいまいさ」を残せば、それは、中国側のさらなる誤解につながる。

たとえば、二〇一四年の海底油田をめぐる事件で、中国がベトナムを誤解したきっかけの一つは、実はその直前に、中国共産党の外交担当の要人がベトナムを訪問したことにあった。

ご存知かと思うが、中国の共産党は、国とは別に独自に外交組織を持っている。かつては、海外の共産党政権との付き合いがあり、ポーランド、東ドイツ、チェコスロバキアなどとの外交を担当していたのも、彼らだ。現在は、キューバとベトナムだけであり、北朝鮮とは共産党間の付き合いはない。

要するに、彼らの主要な付き合いの相手は、ベトナム共産党だけだ。この共産党同士の関係では、「同胞」という言葉が使われたり、中国はベトナムにとっての「兄」のような立場だとされ、ベトナム側が中国側の支援に感謝を表明したりする。

この態度が、北京側の誤解のきっかけとなる「あいまいさ」につながった。北京側は、ベトナム側が、いわゆる冊封体制的な関係を受け入れた、と思い込んでしまったのである。それが、海底油田をめぐる事件につながった。ベトナムは、「ミックスド・シグナル（あいまいなメッセージ）」を発してしまった、と言ってよい。

私は、日本に対して、「中国に対して挑発せよ」と言いたいのではない。重要なのは、「あいまいさ」を排除せよ、ということなのだ。

中国の偽装漁民による尖閣上陸

ここで考慮すべきは、やはり尖閣問題だ。現在の尖閣諸島は、極めて危険な状態にある。大きな事故や大事件につながる可能性を秘めているからだ。

これまで日本政府は、中国側の漁船が尖閣のＥＥＺ（排他的経済水域）内で操業するのを許してきた。日本の漁船も、ＥＥＺ内で操業してきたが、日本の漁師の多くは年寄りであり、それほど冒険的ではなく、操業数でも中国側に圧倒されている。

先ほど指摘したように、習近平の党内での立場は、それほど強固ではない。そのため、いざとなれば、対外政策で大胆な賭けに出ることも考えられる。軍事的な冒険に出ることもありうるだろう。

日本政府の現在の方針は、尖閣のEEZ内での中国漁船の操業を許す、というものだが、中国漁船は日本当局の許可を必要としていない。これが意味するのは、習近平が決意さえすれば、いつでも「漁民」を尖閣に上陸させることができる、ということであり、しかも上陸するのに、日本側と交戦する必要もない、ということだ。数人の漁民に「上陸しろ」と命じればよい。彼らが、尖閣に上陸し、中国の旗を掲げ、「占領した」と宣言しさえすればよいのだ。

中国の政治状況を考えれば、このような事態の発生は、「ありえない話」ではない。日本がEEZ内での中国漁船の操業を許している、という状態自体が、中国に「あいまいさ」を伝えているからである。こうした「あいまいさ」こそ、日本側は避けるべきなのだ。

「あいまいな態度の日本」と「隣国すら誤解する中国」

もちろん、「あいまいさ」を排除するために中国漁船の取締りを始めれば、日本側が「現状維持」の状態を壊したと批判される事態は避けられない。

それでも認識しておく必要があるのは、もし中国側が外交的な冒険を厭《いと》わず、尖閣上陸を企てれば、かなり容易に実行できる、という厳然たる事実だ。偽装漁民を上陸させればよいだけだからだ。

もちろん日本側にも、不測の事態に備えた計画はある。ところが、日本側の「あいまいさ」が、日本側の非常計画をも難しくしているのである。あいまいな分だけ、作戦の実行に多くのリスクを伴ってくるからだ。

軍事作戦および準軍事作戦において重要なのは、不確実性を含む計画に頼るのは絶対に避けるべきだ、ということだ。中国が相手なら、なおさらそうなのである。

たとえば、着陸拒否が容易なヘリで警察官を送り込もうとしたり、天候に左右される佐世保の上陸部隊を作戦に用いようとしたり、「漁民」の反撃も容易に想定できるような事態は、中国政府の特殊性を考慮すれば、すべて避けるべきなのである。

かつてのソ連が相手なら、何とかなるだろう。彼らは、外の世界を理解していたので、何か事件が起きても、互いの行動は、ある程度、予測可能だったからである。

現在のロシアでも、日本の立場を正しく理解するであろう。たとえば、現場の兵士が尖閣で冒険的な行動に出れば、その部隊は、中央政府の方針に従わなかったとして処罰される。ところが、中国では必ずしもそうなっていないのである。

「あいまいな態度の日本」と「隣国すら誤解する中国」というのは、最悪の組み合わせと言える。というのも、日本の「あいまいさ」が、中国の「誤解」の余地をさらに大きくしてしまうからだ。これこそが、現在の日中間に存在する決定的な問題なのである。

では日本は、具体的にどうすべきか。

尖閣問題に関しては、前章でも提案したように、日本は、武装した人員を常駐させるべきである。名目は、「環境保護」など何でもかまわない。「海洋保護調査団」でも、「サンゴ礁・漁業保護調査団」でもよい。

しかし、必ず武装させておくことが重要である。こうして日本は、「あいまいさ」を排除できるからだ。

この対処法は、「普通の大国」に対しては、不適切かもしれない。ところが、中国は「普通の大国」ではない。「極めて特殊な大国」なのであり、彼らの言わば「冒険」を阻止するには、武装人員を常駐させるなどして、「あいまいさ」を排除することが必要なのだ。

「ノヴォロシア」――エカテリーナ二世が獲得した領土

さて、ここでクリミア半島に関して経験したエピソードを述べさせていただきたい。ロンドンにいる時のことだ。ディナーパーティーで、あるロシア人の紳士が、「ノヴォロシア（Novorossiya）」という古い概念について教えてくれた。

これは、一八世紀のロシアに生まれた概念で、「エカテリーナ二世によって獲得された領土」のことだ。これには、ウクライナやクリミア半島が含まれる。

この紳士によると、クレムリン周辺の人々は、「ノヴォロシア」という概念を今日に復活させようとしている、ということだった。この概念に従って、新しい共和国を創設し、そのための新しい旗もデザイン中だ、と。

つまり、ウクライナの一部を切り取って、「ノヴォロシア」という共和国として独立させ、ロシア連邦に組み込む、という考えだ。これこそ、今回のウクライナ問題の背後にある動きだ、というのである。

米国のインテリジェンス能力は低い

ワシントンに戻った私は、早速、アメリカの国家安全保障の担当者や関係者と話したのだが、彼らの反応は、「ありえない話だ」というものだった。「一九四五年以降、欧州での国境線の変更はありえない」と。彼らに言わせれば、「ノヴォロシア」復活のシナリオなど、完全なファンタジーだ、というのである。

ただし、これは奇妙な話である。というのも、ロシアは、すでにジョージア(グルジア)で、南オセチアを独立させた上でロシア連邦に組み込んでいる。アブハジアも、独立させてロシア連邦に組み込むことで、すでに国境を変えているからだ。さらにロシアは、少しずつジョージア内部に国境線を移動させている。

要するに、ジョージアの例だけでも、アメリカ側の「信仰」や「幻想」は、すでに破られているのである。もちろん「ジョージアは欧州ではない」と論じることも可能かもしれないが、いずれにせよ、ホワイトハウスは、モスクワの米国大使館に対して、私が参加した夕食会で語られていた概念が、ウクライナやクリミアの問題と関係しているのかどうかすらチェックしなかったのだ。

ご存知かもしれないが、CIAは、アメリカの政府機関の中で最も仕事のできない機関だ。ＣＩＡの人員は、言語や文化を学ぶのに忙しく、インテリジェンスの肝心なところで失敗を繰り返してきた。米国民全員が知っていることだが、アメリカは、外交や軍事と比べて、インテリジェンスがはるかに不得意なのである。

私がロンドンのパーティーで聞いた話も、モスクワの界隈では裏話程度のもので、完全な機密情報というわけではなかったはずだが、モスクワの米国大使館員が、モスクワ内で開催される数々のディナーパーティーに参加していなくても、私はとくに驚かない。アメリカのインテリジェンス能力も、その程度なのである。

大国として振る舞えていない中国

ここから分かるのは、ロシアやアメリカには、それぞれ特定の行動様式がある、ということだ。

国際問題に関するロシアの対処法は、古典的な大国のやり方に則っている。大国は、いきなり部隊を動かしたりはしない。まず、その発する言葉に大きな意味をもたせるものである。

この点、中国は異なる。中国の政府高官や『環球時報《グローバル・タイムズ》』のようなメディアは、尖閣諸島の中国名である「釣魚島」という言葉を何度も用い、「釣魚島はわれわれのものだ！」と叫び続けている。まるで一〇〇回唱えれば、それが真実になるかのようだ。

一方、ロシアは、言葉をそのように軽々には用いない。

たとえば、プーチン大統領が、「クリミア」という言葉を用いながら、その歴史――モンゴルのチンギス・ハンの子孫が元となったクリミア・ハン国をエカテリーナ二世がタタール人から獲得した歴史など――について演説で触れたら、それ自体が大きな意味をもつ。そして、二度目、三度目に言及した時には、すでにロシアは、その地域を占領しているはずだ。ロシアの大統領の言葉は、チープではないのである。

中国のように「尖閣だ、尖閣だ」と叫んでおきながら何もしないようなことは、ロシアは決してしない。ロシア人は、言葉に重みのないリーダーを軽蔑するからだ。

もしロシアが、「ADIZ（防空識別圏）」を宣言すれば、侵入してきた航空機をすべて撃ち落とすはずだ。ところが、中国は、宣言しても何もしない。

言い換えれば、中国は、外の世界をまったく理解できないだけでなく、大国として振舞うこともできていないのである。中国には、大国的な野望があり、大国としての潜在力もあるのに、大国としての行動を身に付けられていないのだ。

「反中同盟」の構成メンバー

『自滅する中国』(芙蓉書房出版)で描いた、いわゆる「反中同盟」についても、改めて述べておきたい。

「反中同盟」は、日本、インド、ベトナム、オーストラリア、アメリカによって構成される。

まずインドネシアは、反中同盟に気乗りしない面があり、それには合理的な理由もある。それでも、周辺海域での中国漁船の違法操業に対しては、断固拒否する姿勢を見せており、日本からの船舶の提供も受ける予定だ。

マレーシアに関しては、中国に対して、それほど断固とした態度をとってはいない。マレーシアの現政府は、トラブル続きで、国際関係への関心も限定的で、外交能力も限られている。

ここでの大問題は、フィリピンだ。この国は、対中国という意味では、最前線にいる国であり、南シナ海の紛争に深く巻き込まれている。日本とベトナムは、断固とした対応を見せたおかげで領土を失わなかったが、フィリピンは、そうしなかったので領土を失ってしまった。そして現在、過去に米軍を追い出しておきながら、中国の脅威を前にして、米軍を再びマニラ湾に呼び戻している。

米中の狭間で揺れるフィリピン

さらにフィリピン国内には、二つの要因がうごめいている。

第一は、フィリピンがアメリカの植民地であったという歴史に起因するもので、米国の帝国主義に対する反米感情が蓄積している、という点だ。これには、不快な副作用も付随している。たとえば、米軍基地の周辺のフィリピン女性の売春問題があるが、これが人々の不満を高めている。

第二は、フィリピンの支配層やエリート層の多くが、人種的には中華系で、裕福である上に、中国とも深い関係をもっており、フィリピンという国にそれほど忠誠を誓っているわけではない、という点だ。彼らの多くは、フィリピン生まれのフィリピン国民であるが、裕福なビジネスマンほど親中的である。

つまり、大衆層には、反米感情が高まっていると同時に、エリート層は、潜在的に親中的なのである。

さらに、エリート層には、純粋なスペイン人の血を引く流れもある。一八九八年にスペインが植民地を失った後も土地を所有し、国内で影響力を持ち続けた富裕層だ。スペインに代わってフィリピンを領有したアメリカは、土地の没収や土地所有の改革を行っていない。その結果、マニラ・マカティ地区の中心部などでは、いまだにスペイン系の一族（アヤラ）が土地を支配している。彼らは、エリート層ながら親中派ではない。

要するに、フィリピンには、「政治的なまとまり」というものがない。そのため、ベトナムのようには行動できないのだ。

中国が島を奪取してくれば、ベトナム人は戦う。しかし、フィリピンは戦わない。彼らは、確かに不満を言うかもしれない。今回のハーグでの裁判のように、国際司法の場に持ち込むこともあるかもしれない。ところが、実力行使に出ることはないのだ。

中国の島の奪取を阻止する唯一の方法は、反撃だ。抵抗の意思を示すことだ。必要であれば、物理的な強制力を用いることだ。

フィリピンに対するアメリカの立場は、「われわれはあなたの国を守る責任を負うが、すべての島々を守ることまでは責任を負えない」というものである。

フィリピンが戦わないことの帰結が、領土の喪失である。

日本に対しても、アメリカは、フィリピンに対するのと同じ立場にある。アメリカは、「核の傘」という意味で「拡大抑止」を提供しているが、尖閣を始め、小さな島のすべてを守れるわけではない。だからこそ、日本は、尖閣に武装人員を常駐させるべきである。中国側に占領されても再占領すればよい、という計画は避けるべきだ。予め武装人員を常駐させておく方が、はるかにリスクが少ないのである。

ドゥテルテ大統領の戦略

二〇一六年六月、フィリピンでは、ドゥテルテ新大統領が誕生した。

彼は、国内問題の扱いについては確かな実績を誇っている。最近になって突然、出てきた人物ではなく、複雑な政治が渦巻く、人口一四五万人の大都市ダバオの市長として、優れた実績を収めてきた人物なのだ。

その彼が、いよいよ国政レベルの表舞台に立とうとしているのだが、いきなり大問題に直面した。アメリカのオバマ大統領が、彼の人権意識を批判したのである。

ドゥテルテ大統領は、その批判をかわすために、あえて別の選択肢、つまり中国に接近し始めた。そして中国に対して、次のような姿勢を取った。

「もし島が欲しかったらやる。ただし、それにはカネが必要だ。フィリピンに対する莫大な投資だ」

要するに、「島を買え」ということだ。「自分たちは島を使っていない。島を守る意志もない。ただ、あなたたちに売る意志はある。その代わり、それなりの値段は払ってもらう、チープじゃないぞ」ということである。

これは、アメリカに対するメッセージでもある。人権問題をとやかく言ったり、こちらの政治的立場を貶《おとし》めるつもりなら、代替案があるぞ、ということだ。

実際、フィリピンには、クーデターの危険がある。ちなみにフィデル・ラモス元大統領は、非常に優れたリーダーとして今でも尊敬されているが、彼がそもそも政権中枢に入ったきっかけも、クーデターだった。

ドゥテルテ大統領がメッセージとして発しているのは、「もしアメリカが下手な真似をすれば、代替案として中国と仲良くするぞ」ということである。

フィリピンは「反中同盟」から脱落

これが意味しているのは、フィリピンは、「反中同盟」からすでに脱落した、ということである。しかし、フィリピンの脱落は、「反中同盟」にとって必ずしもネガティブなことを意味しない。というのも、日本、インド、ベトナム、それにインドネシアやマレーシアの部分的な参加による「反中同盟」は、フィリピンを含めた「反中同盟」よりも、はるかに強力だからだ。フィリピンが同盟に含まれれば、フィリピンを守るために他国が負担するコストも大きくなる。フィリピン抜きなら、その分、軽費で効率のよい同盟ができるのだ。

訓練の行き届いた二〇万の軍勢は、途中で戦うサイドをスイッチしかねない一〇万の信頼できない部隊を抱える合計三〇万の軍隊よりも強い、ということである。

現在のフィリピンには、二つの選択肢がある。

一つは、「反中同盟」に参加し、中国に抵抗し、アメリカ、日本、インドからさまざまな支援を受ける、という選択肢だ。

もう一つは、中国側に擦り寄っていく、という選択肢だ。こうすれば、中国に対抗するための国防面での準備や資金が不要になる。

フィリピンとの同盟関係は困難

ここで個人的な経験にもとづく話をしたい。

私は、政府へのアドバイザーとしての仕事にも従事している。しかし、仮にフィリピン政府から契約を持ちかけられても、私は断るだろう。

どの国の軍隊に対しても、武器を与えるのは難しいことではない。訓練を施すのも、それほど難しいことではない。しかし「戦闘する意志」まで植え付けるのは、極めて困難だ。「戦闘する意志」というのは、外から注入できるものではないからだ。

一九五四年のことだが、ソ連は、エジプトやシリアなどのアラブの軍隊に武器を与えて訓練をほどこした際、この種の困難に直面した。ソ連の努力の割に、あまりに貧弱な戦闘力しか発揮できなかったからだ。アラブ側には部隊同士のまとまりや「戦闘する意志」が欠けていたからだ。

「戦闘する意志」にもとづく戦闘力は、その国の文化や長年の教育の成果としてあらわれる。その点から言えば、フィリピン軍に訓練を施すのは、成功の見込みの極めて低い任務となる。言い換えれば、フィリピンを「信頼できる同盟国」にするのは、かなり難しい作業なのである。

5

平和が戦争につながる——北朝鮮論

聞き手　奥山真司
収　録　二〇一六年一〇月、東京駅近くのホテルにて

「戦略」は「政治」よりも強い

「戦略」は、完全に「パラドキシカル・ロジック（逆説的論理）」によって動かされている。

このロジックが働いていると、たとえば、最悪の状況、つまり真夜中の道の状態の悪いところから攻撃するのが最善、ということになる。あるいは、戦闘に勝利しつづけて前進すると負けがこんでくるような、状況の逆転が生じる。前進すれば、次第に本国から遠のき、距離が不利に働くようになり、逆に相手は、次第に本国に近づくからだ。よって勝利が敗北に変わり、敗北が勝利に変わる。撤退すれば、本国の基地に近づくことになるし、それまで味方だった、もしくは反対していた勢力も、つく側を変えたりするからだ。

これを言い換えれば、「パラドキシカル・ロジック」は「政治」よりも強い、ということになる。そして「戦略」は、「政治」よりも強い。

だからこそ、一九七二年に、反共産主義の代表的な存在であるリチャード・ニクソンのような人物と反資本主義者の権化である毛沢東のような人物が、協力して同盟関係を結ぶようなことが起こり得るのだ。これは、「政治」よりも「戦略」が強いことの証しとなる。

アメリカと中国の同盟を強いたのが「戦略」なのだが、これは、ソ連の軍事力の規模が一定の限界を越え始めたからだ。つまり、強大化していったソ連の軍事力が、「勝利の限界点」を越えてしまったのである。そして米中の協力関係によって、ソ連の弱体化が始まったのだ。もしソ連が、軍事力の増強を「勝利の限界点」の手前で止めていれば、米中の協力関係は生まれなかっただろうし、ソ連も、はるかに強い地位を維持できたはずなのである。

平和は戦争につながる

「戦略」において、すべては反対に動く。

戦争で国家や国民が被害を受け続けるのは、日常生活や平時における通常のロジックと紛争や戦時におけるロジックがまったく異なるからだ。また、そのことを理解するのが難しいために、被害がさらに拡大することになる。

最も難しいのは、「戦争ではすべてのことが逆向きに動く」というのを理解することだ。たとえば、「戦争が平和につながる」という真実である。戦えば戦うほど人々は疲弊し、人材や資金が底をつき、勝利の希望は失われ、人々が野望を失うことで、戦争は平和につながるのだ。

ところが、逆に「平和が戦争につながる」ことも忘れてはならない。

人々は、平時には、脅威を深刻なものとして考えられないものだ。平時に平和に暮らしていれば、誰かの脅威に晒されていても、空は青いし、何かが起こっているようには思えない。友人との飲み会に遅れないことの方が重要で、脅威に対して何の備えもしない。

つまり、脅威に対して降伏するわけでも、「先制攻撃を仕掛ける」と相手を脅すわけでもない。そのように何もしないことで、戦争は始まってしまうのである。

平時には、脅威が眼前にあっても、われわれは、「まあ大丈夫だろう」と考えてしまう。脅威が存在するのに、降伏しようとは思わず、相手と真剣に交渉して敵が何を欲しているのかを知ろうともせず、攻撃を防ぐための方策を練ろうとも思わない。だからこそ、平和から戦争が生まれてしまうのである。

平時には、誰も備えの必要を感じない。むしろ戦争に備えること自体が問題になる。そうして行動のための準備は無視され、リラックスして紅茶でも飲んでいた方がよい、ということになり、そこから戦争が始まるのだ。

平和は戦争につながる。なぜなら平和は、脅威に対して不注意で緩んだ態度を人々にもたらし、脅威が増大しても、それを無視する方向に関心を向けさせるからだ。日本にとって、その典型が北朝鮮問題だ。

北朝鮮への日本の態度

北朝鮮は、特異な政権である。特異な点として、二つ挙げられるだろう。

一つは、リーダーのヘアスタイルがひどい、ということだ。金正恩の髪型は本当にみっともない。

もう一つは、北朝鮮の軍事関連の技術力は侮れない、ということだ。根本的な意味で、日本やアメリカ以上の底力を持っている。

もちろん、彼らのミサイルは、塗装されていない。アメリカや日本のミサイルは塗装されているが、そもそも爆発させるミサイルを塗装した方がよいかどうかという問題は、ここでは論じないでおこう。とにかく北朝鮮のミサイルは塗装されていないことが多い。

その一方で、北朝鮮は、人工衛星を打ち上げ、中距離弾道ミサイルも発射した。さらに弾道ミサイルを潜水艦からも発射しているのだ。ミサイルに搭載可能な核弾頭の爆発実験も成功させた、と見られている。

しかもこれらすべてを、彼らは非常に少ない予算で短期間に実現しているのだ。

もし日本政府が国内メーカーに、中距離弾道ミサイルとそれに搭載可能な核弾頭、宇宙に飛ばす人工衛星の開発などを命じても、おそらく年間の国防費以上の予算と、調査、研究、開発に一五年ほどの時間が必要になるだろう。

したがって、北朝鮮の軍事関連の技術者を侮ってはならない。彼らは、他国の技術者の五倍以上の生産性を有している、と言えるからだ。たとえば、イランは、核開発に北朝鮮の五倍もの時間をかけながら、一発の核兵器に必要な核物資さえつくりだせていない。人工衛星の技術もない。

要するに、北朝鮮の軍事開発力は、極めて危険な域に達しており、真剣に対処する必要があるのだ。

北朝鮮への降伏

私は戦略家であり、政治家ではない。ましてや教師や牧師でもない。倫理道徳の価値観の教育は専門外だ。したがって、私が日本政府に対して言えるのは、「何もしないのが最悪の選択肢で、以下の選択肢のうちの一つを実行せよ」ということぐらいである。

第一の方策は、「北朝鮮に降伏する《サレンダー》」というものだ。

北朝鮮政府が真に何を望んでいるのかを聞き出し、経済制裁をすべて解除する。祖国への朝鮮総連の送金に対する制限も解除し、金一族を讃える博物館を表参道に建て、北朝鮮に最も美しい大使館を建てさせる。

代わりに、日本政府は、北朝鮮に五〇〇キロ以上の射程を持つミサイルの開発を止めてもらう。五〇〇キロ以上の射程のミサイルは、国際的な「ミサイル技術管理レジーム」(MTCR)での制限の対象となっている。またそれだけでなく、これは、幸いなことに偶然にも、朝鮮半島の非武装地帯から下関までの距離と同じなのだ。

これは、北朝鮮に対する制裁をすべて解除し、彼らに名誉を与え、国家としての彼らの存在を認めることで、五〇〇キロ以上の射程のミサイルの脅威を取り除く、という道だ。

北朝鮮への先制攻撃

次の方策は、「北朝鮮を攻撃する」というものだ。しかもこれは、先制攻撃《プリエンプティブ・ストライク》でなければならない。核関連施設を特定しつつ、それらすべてを破壊するのである。

たとえば、イランの核開発の脅威に晒されているイスラエルは、先制攻撃能力を持っている。イスラエルが先制攻撃する場合は、儀式的なことは一切抜きに、ただ実行するのみだ。しかも彼らは、アメリカと違って空爆だけを用いるわけではない。空と陸から同時に攻撃を行うのである。

もしイスラエルの首相が、「イランが核攻撃を行いそうだ」という報告を受けたら、即座に空と陸から攻撃を開始する。しかも、有人機とミサイルを使うのだ。ミサイルも、短距離ミサイルと長距離ミサイルの両方を使う。

アメリカは、ＯＰＬＡＮという韓国との合同演習で、北朝鮮の核施設への攻撃を想定した訓練を行っているが、いずれにせよ、北朝鮮が核弾頭をミサイルに搭載したら、その時点で完全に手遅れだ。

ここで覚えておかなければならないのは、北朝鮮のミサイルは、侵入の警告があれば即座に発射されるシステム（ＬＯＷ）になっているかもしれない、という点だ。このシステムでは、アメリカの航空機やミサイルが侵入してくれば、北朝鮮側の兵士が自動的に発射ボタンを押すことになる。

ＬＯＷとは、レーダーからの警告に即座に反応することを意味する。彼らは、その警告を聞いた途端にボタンを押すのだ。そうなると、北朝鮮を攻撃すること自体に大きなリスクが伴う。

もし北朝鮮を本気で攻撃するのであれば、空からだけでなく地上からの支援も必要だ。地上に要員を配置して、ミサイルをレーザーなどで誘導しなければならないからだ。つまり「現場の兵士」が必要となるのであり、ミサイルの着弾後も、攻撃目標が間違いなく破壊されたかを確認する必要がある。ミサイルが着弾しても、爆発による煙やホコリが落ち着くまで写真撮影は不可能であり、破壊評価が遅れるので、現場の人員が必要になるのだ。そのためには、北朝鮮内に何らかの方法で人員を予め侵入させておき、目標を把握しておかなければならない。

韓国は、そうした能力を持っているとされるが、もしそうなら、作戦敢行の最も良いタイミングは、今夜、もしくは明晩ということになる。しかし、いくら能力があっても、それを使う「意志」がなければ、能力は何の意味もなさないのである。

「まあ大丈夫だろう」が戦争を招く

日本国民も、一九四五年以来、他国や他民族が戦争の悲劇に見舞われてきたことを目撃してきたはずだ。街が燃やされ、多くの人間が殺され、子供も殺されたのだ。それらすべてのケースがなぜ発生したかと言えば、当事者たちが、「まあ大丈夫だろう」(it will be all right) と思ってしまったからだ。

人間というのは、平時にあると、その状態がいつまでも続くと勘違いをする。これは無理もないことだが、だからこそ、戦争が発生する。なぜなら、彼らは、降伏もせず、敵を買収もせず、友好国への援助もせず、先制攻撃で敵の攻撃力を奪うこともしなかったからである。つまり、何もしなかったから戦争が起きたのだ。

いま北朝鮮に関して生じているのは、まさにこのような状況だ。

アメリカは、北朝鮮の核開発の阻止に関して何もしていない。アメリカだけではない。他の西側諸国も、中国も、ロシアも、何もしていない。

さらに北朝鮮は、核兵器と弾道ミサイルを保有し、韓国を直接脅かしているのに、韓国自身も何もしていない。彼らは、北朝鮮に対して抑止さえもしていないのだ。

韓国は、北朝鮮に何度も攻撃されているのに、反撃さえしていない。韓国の哨戒艦「天安」の沈没事件でも、誰もいない方向に砲撃しただけだ。

要するに、韓国は、北朝鮮の脅威が現に存在するのに、何も行っていない。「降伏」も、「先制攻撃」も、「抑止」も、「防衛」もせず、「まあ大丈夫だろう」という態度なのだ。

これは、雨が降ることが分かっているのに、「今は晴れているから」という理由だけで、傘を持たずに外出するようなものだ。ところが、このような態度が、結果的に戦争を引き起こしてきたのである。

「降伏」も選択の一つ——シリア内戦の真実

他に選択肢がないのであれば、「降伏」も、一つの立派な戦略的な選択だ。

たとえば、シリアのアレッポに住む人々、あるいはアレッポから逃れた人々は、アサド政権側に抵抗せず、早々に反政府勢力が死に絶えたり、降伏した方が良かった、と考えている可能性が高い。降伏しておいた方が、はるかに幸福だったかもしれないからだ。

アレッポがあれほど破壊されてしまった原因は、反政府勢力が降伏しなかった、という事実にある。反政府勢力は、アレッポを死守するだけの兵力を持っていない。アサド政権側に対しては、抑止も、先制攻撃もできなかったので、降伏してもよかったのだ。ところが、反政府勢力は、「アレッポは自由都市である」と宣言するだけで「まあ大丈夫だろう」と考えたのである。

もしあなたが腹を空かせているとして、国際社会に何かを期待しても、そこから得るものは何もない。ところが、反政府勢力は、アレッポの防御を国際社会に期待して、「まあ大丈夫だろう」を実行したのである。

戦略の規律《ディシプリン》が教えるのは、『「まあ大丈夫だろう」という選択肢には頼るな』ということだ。なぜなら、それに頼ってしまうことで、平和が戦争を生み出してしまうからである。

日本政府は自ら動くべし――「降伏」と「先制攻撃」

したがって、私は、日本政府が自ら動くべきである、と考える。

国際的なミサイルの制約である「五〇〇キロ」という射程は、たまたま神の与えた偶然なのか分からないが、朝鮮半島の非武装地帯から下関までの距離と同じである。したがって、北朝鮮の望みを叶えつつ、「五〇〇キロ以上の射程のミサイル」の破棄を求めるのは、日本の選択肢として十分あり得る。

このような「降伏」、もしくは「宥和《アピーズメント》」も、立派な政策なのである。これは、無責任な態度ではない。「まあ大丈夫だろう」という無責任な態度の代わりに、一つの選択をしているからだ。

別の選択肢としては、「先制攻撃」がある。日本の自衛隊の特殊部隊に攻撃を命じて、パラシュートやグライダーで降下させ、北朝鮮の核施設の上に到着させ、携行型のホローチャージ弾などでそれらをすべて破壊するのだ。

もちろん、特殊部隊の九〇人が犠牲になるかもしれない。ただしそれは、背後にいる一億二〇〇〇万人の日本国民を守るためだ。

「抑止」と「防衛」

「先制攻撃」も一つの選択肢であるし、「降伏」も一つの選択肢だ。さらには「抑止《デイタ―レンス》」も一つの選択肢となろう。

「抑止」としては、日本が一〇〇〇キロの射程の弾道ミサイルを持ち、そこにデュアルユース（民生・軍事両用）の核弾頭を搭載するのだ。

ここで参考になるのは、冷戦期に欧州でソ連がSS-20を配備した時の状況だ。SS-20の配備に対し、NATOは、パーシングⅡミサイルシステムと同時に、巡航ミサイルも配備している。日本が本土上にミサイルを配備できないのであれば、潜水艦に核弾頭を積んだ巡航ミサイルを配備してもよい。

最後の選択肢としては、「防衛《デイフエンス》」がある。これは、ミサイル防衛によるものだが、どのシステムも完璧ではない。迎撃率が九五％でも完璧とは言えないからだ。

地球上で現在、最も精度の高いミサイル防衛システムは、イスラエルの「アイアン・ドーム」であろう。これは、短距離ミサイル用だが、より射程の長いミサイルに対しては、「ダビデ・スリング」というシステムもある。

これらのシステムに興味を持つ日本の防衛関係者もいるようだが、アメリカ政府は拒絶するはずだ。システム開発資金の半分をアメリカが拠出し、拒否権を持っているからである。アメリカとしては、自国で独自開発したシステムを日本に売ろうとするだろう。

「アイアン・ドーム」は、人類が開発した最高のミサイル防衛システムで、迎撃性能は九五％である。ただしこの性能向上も、実戦経験によって積み上げられたものだ。当初は八〇％、次に八五％、そして最終的に九五％まで精度を上げてきたのである。

すると、日本が「防衛」能力を上げるには、言い換えれば、ミサイル防衛システムの精度を上げるには、イスラエルと同様に、敵から何発もミサイルを撃ち込まれる経験が必要になってくる。

しかし、北朝鮮が核弾頭をミサイルに搭載しようとしている現在、ミサイル一発の着弾でもあってはならない事態だ。つまり、最高度の装備を揃えても、「防衛」という選択肢は、十分ではない、ということだ。

いずれかを選択すべし

議論をまとめると、日本には「降伏」、「先制攻撃」、「抑止」、「防衛」という四つの選択肢がある。

ところが、現実には、そのどれも選択していないのである。代わりに選択されているのは、「まあ大丈夫だろう」という無責任な態度だ。

外国人である私は、日本政府に対して、いずれを選択すべきかを言う立場にない。ただし戦略家として自由な立場から言わせてもらえば、「まあ大丈夫だろう」という態度だけは極めて危険である。何かしらの行動は取られなければならない。

私は、小泉首相が拉致問題を解決するために、北朝鮮と直接交渉したことを知っている。彼は、国連、赤十字、アメリカ、あるいはパラグアイに相談したわけではない。北朝鮮だけと交渉したのである。そして彼は行動し、結果を出した。

安倍首相が北朝鮮に行くかどうかは分からないが、何かをしようとは考えているだろう。中国が、北朝鮮に対して、何も行動していないことを知っているからだ。

「制裁」は効果なし

北朝鮮と中国の国境にある丹東《たんとう》という町に行けば、すべてが分かる。実に多くの会社が北朝鮮と貿易をしている。中国企業は、北朝鮮が求めるものをすべて売るつもりだ。「制裁」という言葉は、丹東では何の効力も持っていない。列車は、毎日、北朝鮮に向かい、トラックも国境を越えている。

北朝鮮のある工科大学を見学したことがある知人によれば、実験室に不足しているものは何もなかったという。アルマーニの服や黒海産のロシアの高級キャビア、ランボルギーニなどはさすがになかったが、弾道ミサイルを製造するための資材は、すべて揃っていたそうだ。北朝鮮内で製造できないものは、国境のすぐ外にある丹東の企業からすべて買えるのである。

たとえば、金一族は、一家の伝統として、日本の寿司が大好物であることが知られている。そこで日本政府は、経済制裁として、わさびを輸出禁止にできるかもしれない。しかし、わさびも丹東にある企業から輸入できるのだ。

何度でも言う。現在の日本は、北朝鮮に対して何も行動しておらず、唯一選択しているのは、「まあ大丈夫だろう」という態度だが、このような態度こそ、平和を戦争に変えてしまうものなのである。

6 パラドキシカル・ロジックとは何か——戦略論

聞き手　奥山真司
収　録　二〇一六年一〇月、東京駅近くのホテルにて

パラドキシカル・ロジックとは？

「パラドキシカル・ロジック（逆説的論理）」とは、紛争時に働くロジックのことだ。それは、戦争が平和につながり、平和が戦争につながることを教えてくれる。

すべての軍事行動には、そこを超えると失敗する「限界点（culminating point）」がある。いかなる勝利も、過剰拡大によって敗北につながるのだ。

戦略レベルにおいて、パラドキシカル・ロジックがどのように働くか、例を挙げて説明してみよう。

アメリカで弱い大統領が続けて政権を担い、日本でも弱い首相が続けて政権を担当したとしよう。そして日・米・インドの経済状態が悪くなった、と仮定してみよう。

こうなると、相対的に中国のパワーが上昇することになる。

ところが、そこから発生するのは、それまで中立、もしくは中国側についていたロシアが、日・米・インド側の同盟に参加せざるを得なくなる、という事態だ。ロシアの好き嫌いに関係なく、必ずそうなるのだ。

これが、「戦略」は「政治」よりも強い、ということの意味である。

言い換えれば、パラドキシカル・ロジックは、この地球上で、重力の次に強い力を持っている。だからこそ、現在のような世界の政治状況が生まれているのである。

世界は、一つの大きな国家のようにまとまっているわけではない。たとえば、西ヨーロッパの地図を見れば分かるように、それほど広くない地域内に大国同士がひしめき合っている。そういうなかで、ナポレオンやヒトラーが登場して覇権を争ってきたのだ。

ところが、そうした大国同士のパワーのぶつかり合いのなかで、ベルギー、オランダ、ルクセンブルク、デンマークといった小国も生き残っている。これらの国々は、ヨーロッパ大陸の中央に位置しながら、自分たちよりもはるかに大きな国の狭間で生き残ってきたのだが、なぜそれが可能だったのだろうか。

これこそ、戦略のパラドキシカル・ロジックの結果だ。「大国は小国を破壊できない」のである。

大国は、中規模国は、打倒できるが、小国は打倒できない。小国は、常に同盟国を持っているからだ。小国は、規模が小さいゆえに誰にも脅威を与えない。だからこそ、別の大国が手を差し伸べるのである。

小国のベトナムは、大国のアメリカを打ち負かし、小国だからこそ、ソ連と中国の支援を獲得できた。当時、ソ連と中国は、対立していたのだが、それでも互いに協力してベトナムを助けたのである。

戦略のパラドキシカル・ロジックは、紛争が発生するところで、必ず発動する。そして優れた戦略家なら、そのパラドキシカル・ロジックを正面切って克服できるのだ。

一般常識が通用しない「戦略の世界」

たとえば、あなたが一〇ドルの収入のうち五ドルを貯めて、それを投資に回す、というのは、「一般常識の世界」ではよくあることだ。これはこれで、極めて正しい選択となる。

ところが、「戦略の世界」、要するに大規模戦争のような「戦略の世界」では、いくら「戦術レベル」で大成功を収めたり、戦闘で目覚ましい勝利を収めたり、作戦に成功して「戦域レベル」で相手国領土を占領できたとしても、「大戦略」のレベルですべてが覆ることがあるのだ。最終的な結果は、最上位の「大戦略」のレベルで決まるからである。

たとえば、一九四五年初頭の段階になっても、たった一〇〇人のドイツ軍を打倒するのに、イギリス軍は三〇〇人の部隊を必要とした。ところが、こうしたドイツ軍の屈強さは、何の意味もなさなかった。イタリアとブルガリアとの同盟だけで、ヒトラーは、ロシアとアメリカを敵に回していたからである。イタリアとブルガリアとの同盟関係を抱えていても、ドイツ軍が優秀であれば、個々の戦闘には何度でも勝てるかもしれない。しかし、個々の戦闘の勝利は、全体として何の意味もなさない。

「戦略の世界」では、「成果を積み重ねることができない」。これが、戦略の第一のポイントだ。戦争に直面して戦略を考える時に、最初にやるべきは、「常識を窓から投げ捨てる」ことなのである。

戦略の第二のポイントは、第一のポイントよりはるかに衝撃的である。それは、「戦略の世界では矛盾や逆説《パラドックス》だけが効果を発揮する」ということである。理解が容易な「線的《リニア》なロジック」は、常に失敗するからだ。

もしあなたが、東京から横浜まで行こうとすれば、おそらく直線で最短距離を行くだろう。ところが、「戦略の世界」では、敵が存在する。この敵が、あなたを待ち構えているのだ。すると、「直線で最短距離を行く」のは、最悪の選択となる。迂回路だったり、曲がりくねった道の方が良いのだ。

あるいは「一般常識の世界」では、晴れている昼間に行くのが、最良の選択となる。ところが、「戦略の世界」では、敵が待ち構えている。すると、夜中の嵐の中を行くべきだ、ということになるのだ。

この世界では、矛盾するものこそ正しく、線的なものが間違っていることになる。これこそが、「戦略の世界」の土台を構成する二つの要素だ。

第一に、成果の積み重ねができない、ということであり、第二に、「線的な《リニア》ロジック」が通用しない、ということだ。だからこそ、人類の歴史は、犯罪や過ちや狂気に満ち、教訓が生かされない歴史となっている。

人類の歴史がそうである理由は、何も多くの人々の頭が悪くて、誰かの頭が良いからではない。われわれ全員が、それぞれの「家族」の中で育てられ、そこでは「戦略」を使うようには教育されないからだ。

われわれは、家の中で「両親や妻に対して戦略を使え」とは教わっていない。妻に黙って奇襲をかけて、驚かせたり狼狽《ろうばい》させることは、普通はしないものだ。

ところが、「戦略の世界」では、まさにこのようなことが奨励される。常に奇襲が狙われるのだ。奇襲を受けた側は、まったく準備ができていない状態で寝首をかかれることになる。

いったん奇襲が成功すれば、仕事がやりやすくなる。後は、組織管理的な問題しか残っていないからだ。もはや「戦略の世界」ではなく「平時の世界」で、「一般常識のロジック」を働かせるように、やるべきことをただ実行するだけとなる。

「戦略のロジック」と主著について

この「戦略のロジック」について、私は一冊の本（邦訳『エドワード・ルトワックの戦略論』毎日新聞社）でまとめて論じている。すでに多くの言語に翻訳され、ヘブライ語訳、中国語訳、日本語訳もある。

ところが、原著である英語版を読んだ人から、「この本は、まるで英語をドイツ語に訳し、再び英語に訳し直したような難しさがある」と批判されたことがある。哲学的な響きを持たせるように書いたんだろう、というわけだ。

だが、これは真実ではない。むしろ、私が説明しようとしている概念自体が難しく、矛盾するものを説明する必要に迫られ、とくに「戦略の多層性」という最も複雑な部分などは、明快な言葉では表現できないからだ。たとえば、「戦闘レベル」の勝利は、「戦術レベル」の成功につながるが、その逆は必ずしも真実ではない、といったメカニズムについてである。

敵味方の二個師団が前線で衝突したとしよう。戦闘に勝った英雄がさらに前進して兵站線を伸びきらせてしまい、逆に敵側に回りこまれて兵站線を寸断され、さらには囲い込まれ、捕えられてしまう、といった事態が起こり得る。そうなると、当初は大負けして屈辱を味わった者が、逆に英雄となり、凱旋パレードを行ったりする。

「戦略の世界」で発生する、こうした複雑なメカニズムを説明しなければならないため、世界中の士官学校や国防大学の人々は、私のことを苦々しく思うのだ。

中国を訪問した際に、ある大佐が歩み寄ってきて、「あなたのことが嫌いだ、試験をパスするために、あなたの複雑な本を読まなければならず、大変な思いをしたからだ」と言われたことがある。

ただ、そこまで複雑に考える必要はない。「戦略」の多層性と矛盾する要素さえ理解できれば良いからだ。

勝利が敗北につながり、敗北が勝利につながる

とはいえ、「戦略の世界」は、やはり一筋縄ではいかない。そこには、ダイナミックな形でパラドキシカル・ロジックが現れてくるからだ。

ナポレオンの例を考えてみよう。ナポレオンは、多くの戦闘に勝利した。最初の戦場で勝利し、次の戦場でも勝利し、それが次から次へと続くのだ。

仮にあなたがハンバーガーを作るのが上手で、マクドナルドの店長になり、ある地域で一〇〇〇店舗を経営できたとすれば、次の一〇〇〇店舗を出店するのも簡単かもしれない。さらに二〇〇〇店舗出店して、合計四〇〇〇店舗にするのも可能かもしれない。仮に国内市場が飽和状態になっても、その先には海外展開が見えてくるだろう。

ところが、「戦略の世界」では、そうはいかない。ナポレオンは、戦場で強かったので、勝利を収めながら前進していった。ところが、前進しすぎた。祖国から遠く離れ、ロシア内陸にまで侵攻し、結局、敗北してしまったのだ。

ナポレオンは、戦場で強かったが、限界点を超えて前進したところで、負けが決まったのである。

「戦略の世界」では、勝利が敗北につながるように、敗北も勝利につながる。たとえば、前線で負けて祖国に向かって撤退し、そこに敵も侵入してくると、戦闘への本気度が増すことで、最初の敗北が勝利につながったりするからだ。

要するに、「戦略の世界」では、すべてが常に移り変わるのである。

イスラエルが勝利できた理由

イスラエルは、一九四八年以来、数々の紛争に巻き込まれているが、紛争では、その優秀さをまったく発揮できていない。

しかしこれも極めて当然と言える。日常生活を送っているイスラエルの人間は、紛争における逆説的な事態に常に直面しているわけではないからだ。紛争に直面するのは、彼らの長い人生のほんの一部でしかない。

パラドキシカル・ロジックを理解することの難しさは、人間としての感覚そのものに原因がある。その一例として、私が一九七三年一〇月に受けた『ハーレッツ』紙のインタビューを紹介しよう。

この時、私は、「イスラエルが奇襲を受けたにもかかわらず勝利できたのは、バランス・オブ・パワーがイスラエル側に大きく有利に傾いていたからだ」と答えた。

細かい点では、イスラエル側には致命的となり得る要素がいくつもあった。たとえば、陸軍のライフルが旧式から新式に変更されたばかりだったのも、そのうちの一つだ。

それでもイスラエルが勝利したのは、世界のバランス・オブ・パワーが、イスラエル側にとって有利に働いたからである。「これこそが第四次中東戦争の本質である」と、私はインタビューに答えた。

この記事が出ると、すぐに大きな反響があった。多くは批判的なもので、「戦争の犠牲者を考慮していない」という声もあった。

ただし、私の見方から言えば、数千両の戦車に加えて、三万台～四万台の装甲車両、そして数千もの野戦砲が使われる戦争では、「三〇〇〇人程度の犠牲者が出るはずだ」という想定で物を考えていないのであれば、むしろ戦争を真剣に考えていないことになる。

それほどの規模の戦争なら、犠牲者が出るのは当然なのだが、どうも当時は、このような考え方が反感を買ってしまったようなのだ。

ドイツの間違い

ここから「戦略」についての第三のポイントが見えてくる。「戦略の世界」で、もし「普通の人間としての感情」、つまり「家族を持った一人の人間としての感情」を持っていれば、あなたは、それ自体で間違っている、ということだ。

「戦略」において、「常識」は敵であり、「通常の人間的な感覚」は敵であり、唯一の味方は「紛争の冷酷なロジック」なのである。そして「紛争の冷酷なロジック」が最も重要になってくるのは、主に外交のレベルにおいてだ。

たとえば、ヒトラーの率いるドイツ国防軍は、極めて優秀だった。空軍は大したことはなく、海軍も使い物にならなかったが、陸軍だけは主要な戦闘で勝ち続けた。ロンメル、グーデリアン、マインシュタインなど、当時の著名な将軍が何人も思い浮かぶ。ところが、彼らの戦争全体に対する貢献度は、実は「ゼロ」だった。まったく役に立たなかったのである。

なぜなら、ヒトラーは、ロシアとアメリカを敵に回し、イタリアとブルガリアが同盟国だったからだ。一九四一年の日本の真珠湾攻撃と同じように、個々の戦闘に勝利しても何の意味もなかったのである。

ここで必要になってくるのが、「規律《ディシプリン》」だ。

ご存知の通り、一九世紀から二〇世紀へと変わる頃に、ドイツは、圧倒的な成功を収めた。一八九〇年代のドイツの大学は、どの国よりも進んでおり、イギリスのオックスフォード大学の学生は、あらゆる学科を学ぶ前に、ドイツ語を学ばなければならなかった。しかも古典を学ぶには、ギリシャ語やラテン語の前に、ドイツ語を学ぶ必要があった。ギリシャ語やラテン語の教科書を執筆していたのがドイツ人で、中身はドイツ語で書かれていたからである。ちなみに一九〇五年当時のイギリスで、ドイツ語を学ばずに修了できた学科は、英文学だけであった。アカデミックな世界からして、このような状況であった。

産業界も同様だ。ドイツのシーメンス社は、イギリスのどの企業をも遥かに越える技術力を誇っていた。ドイツ銀行も、世界最大であった。

したがって、一九〇〇年の時点で、「今から二〇年後の世界はどうなる?」と人々に尋ねれば、「ドイツが世界を支配している」と答える人が大半だったのだ。

ところが、実際はどうなったのか。一九二〇年のドイツは、敗戦で国土が荒廃して貧困にあえぐ国となり、それ以降の三〇年もの間、戦争の影響を被ることになったのである。

ドイツはどこで何を間違えたのか。

ドイツは、最高の大学、最高の企業、最高の銀行だけでなく、領土まで欲した。とりわけ太平洋の西側にあるキリバスやバヌアツなどの島々を求め、そのために大規模な艦隊が必要だと考えたのである。

まさに現代の中国と同じだ。中国は、空母を建造しているが、これはジョークにしかならない。大した価値のない小さな島を手に入れるために空母を建造して、かえって世界を敵に回してしまうからだ。

イギリスの「忍耐力《ディシプリン》」

ドイツの艦隊建造に対して、当時のイギリスのエリートたちは、どう対処したか。まず冷酷な頭脳を働かせて、「帝国的なドイツを破壊すべきだ」と決断したのである。

ドイツ皇帝のヴィルヘルム二世が英国ビクトリア女王の孫であることを考えれば、非常に非礼なことだったが、それでも、イギリスのエリートたちは、ドイツの封じ込めが不可欠だと判断したのである。

では具体的に何をしたか。歴史を振り返れば、アメリカは、イギリスにとって野蛮で厄介な「独立主義者」であった。それでも彼らが最初に決心したのは、「絶対にアメリカを離さない」ということだった。何があっても、英米の同盟関係は解消しないと決心したのである。

実際にイギリス人は、アメリカ人のひどい仕打ちを繰り返し受けた。しかしイギリスは、それに黙ってじっと耐えたのである。これが「忍耐力《ディシプリン》」だ。

次は、フランスとの関係改善である。フランスは、一〇〇年以上争った相手だ。そして当時も、アフリカ、インドシナ半島、マダガスカルなど、およそ一七件の植民地・領土係争案件を抱えていた。

ところが、イギリスは、交渉ですべてを素早く解決したのである。しかもイギリスは、すべての案件で譲歩した。フランスの完全勝利だ。これによって初めて、大英帝国とフランス帝国の協力関係が構築されたのである。

第三の決断は、嫌々ながらもロシアと組むことだ。

こうなると、ドイツは、三つの帝国を敵に回すことになる。唯一、同盟の可能性があったのは日本だが、その日本とも、イギリスは、ドイツに先がけて同盟を結んでいたのである。

これらの交渉で、イギリスは、譲歩に譲歩を重ねた。「ひどく稚拙な外交だ、腐っている。シャンパンを飲んで、キャビアを食べているだけで、ろくに仕事をしていない。帝国の遺産を食いつぶしている！」などと国民に痛烈に批判されながらも、英外務省は、屈辱に耐えたのである。

一九一四年にドイツとの戦争が始まると、ドイツには、最高の陸軍があり、素晴らしい科学者がおり、史上初の毒ガス兵器やその他の人類史を塗り替える重要な技術や兵器をいくつも発明したのだが、それでも、ドイツは勝てなかった。

それは、ドイツが、三つの世界的な帝国を敵に回したからである。すべての戦闘、すべての戦域で勝利しても、グアノや石油といった物資や食糧の輸入が海上封鎖で不可能となれば、戦争には勝てない。仮にアメリカが途中で参戦せずとも、仮にドイツがすべての戦場で勝利しても、結果は、ドイツの敗北で終わっただろう。ドイツには食糧がなかったからである。

名目だけの同盟と実質を伴う友好関係

ではなぜイギリスは、最終的に勝利できたのだろうか。それは、彼らが「戦略」を冷酷な視点で捉えることができたからである。

要するに、同盟関係は、自国の軍事力より重要なのだ。もちろん、自国軍の力で戦闘に勝利することは、同盟関係を獲得する範囲や可能性を広げるものである。

私の言う「大戦略のレベル」とは、資源の豊富さ、社会の結束力、忍耐力《ディシプリン》、人口規模などに左右される領域である。

なかでも、とりわけ重要なのが、同盟を獲得する「外交力」だ。大戦略レベルの外交力によって、全体の結果の大部分が決するのである。単なる口先だけの表面的なものは、私の言う「同盟」ではない。

ここで一つ興味深いエピソードをご紹介したい。

仕事の関係で、イスラエルにいた時のことである。急遽、イタリアのカプリ島に急行しなければならなくなった。そこで費用が高くなるのを承知で、セスナ社のジェット機をチャーターしたのである。

ところが、非常に小さなビジネス機しか借りられず、ギリシャ領のロードス島で給油しなければならなかった。

ロードス島の空港に着陸すると、給油用のトラックが近づいてきて、給油作業が始まった。そしてパイロットは、給油作業員に紙を渡し、「これをFAXで送ってほしい」と頼んだ。

私は、トイレに行くためにターミナルに入ったのだが、そこには、三〇人ほどのアラブ人が待機していた。彼らは、私の小さなビジネス機とは違って、巨大で超豪華なガルフストリーム社製のプライベートジェット機に乗っていたのだが、なぜかそこで足止めを喰っていたのだ。

彼らは、アラブ首長国連邦（UAE）の富裕層だった。当時のギリシャのパパンドレウ政権は、パレスチナ側に同情を示し、親アラブ・反イスラエルの態度を鮮明にしていたのだが、それでも、アラブ側の飛行は、容易に許可していなかったのである。

空港でギリシャ当局は、UAEの一団に対し、別の飛行機を持ってきて燃料費を払うように求めていた。というのも、彼らに給油しても燃料代が支払われない、という事態が頻発していたからだ。アラブの富裕層にはよくあることで、パリで豪華な食事をしたり、高価な宝石を買ったのに、カネを払わない、ということは日常茶飯事なのである。

トイレから出てきた私は、給油作業員に、「なぜうちの飛行機にはすぐに給油してくれるのか」と尋ねてみた。すると彼は、こう教えてくれた。

「あなたの飛行機にはX－1という記号がついてますね。Xは、イスラエルのプライベートジェットであることを示す記号で、1は、その飛行機のタイプを表しています。あなたの乗っている飛行機は、イスラエルの情報機関モサドによって使われているものだと分かります。モサドの人間は、常に急いでいるので、現金の支払いではなくFAXの送付だけで給油をしたのです」

つまり、ギリシャ政府は、表面的には、反イスラエル・親アラブだったはずなのに、空港でギリシャ当局は、モサドのものらしき飛行機にはすぐに給油し、アラブ諸国の飛行機は待機させたのである。同盟や友好関係は、名目ではなく、実質で考えなくてはならない。大戦略のレベルでは、名目だけの同盟は、まったく意味をなさないのだ。

これに関するもう一つの例は、イスラエルとインドの関係だ。インドは、表立ってイスラエルとの協力関係を表明することはほとんどない。ところが、イスラエルと実にさまざまな分野で協力している。そしてこれが、戦略のレベルで実際に効果を発揮するのだ。

大戦略と外交力

大戦略レベルの同盟関係の重要性は、外交を担当する外務省と、軍を管理する国防省との関係とも深く関わっている。

私はしばしば次のような質問を受ける。

「あなたは、戦略の理論について講義したり、本を書いているが、実際には、どういうアドバイスにつながるのか？」

それに対する私の答えの一つは、「国防省と外務省との間に存在する全体的なバランスの偏りを修正しなければならない」というものだ。

外交を担当する国務省が、国防総省にどこまで影響力を及ぼせるか。これが、アメリカが抱える問題である。要するに、省庁間の権力争いだ。これは、どの国家にも起こり得ることだ。

しかし、「戦略」の観点で言えば、外務省が権力を保持していることは、極めて重要だ。そうでないと、「戦略」のレベルで、すべてが覆ってしまうからである。

二〇一〇年五月に起こった「マヴィ・マルマラ号事件」を思い出してほしい。

この作戦を決断した人間は、これによって上位の大戦略レベル、つまりイスラエルとトルコの関係のあり方をも決定してしまったのである。これを決定したのは、イスラエルの首相でもなく、トルコの首相でもなく、現場のイスラエル海軍の指揮官だった。

この指揮官は、急襲作戦を行うために上空のヘリの中にいたのだが、マヴィ・マルマラ号の船員がヘリから落とした縄を船に結びつけているのを目撃した。

ここで彼は、「ちょっと待て、相手はわれわれの攻撃に備えているぞ、この作戦は失敗するから中止だ」と決定することもできたが、彼はそうしなかった。あえて攻撃を決定したのだ。

ここで重要なのは、彼がイスラエル海軍の単なる下士官であり、軍というシステムの中で命令を遂行する立場にあったことだ。

現代の軍は、昔のように、旗を振ったり、ドラを打ち鳴らすことで部隊を指揮するのではない。無線を通じて指揮が行われる。しかも、これは「指揮システム」ではなく、「指揮・統制システム」だ。にもかかわらず、彼は、このシステムに従わなかったのである。

本来は、上官に対し、「作戦を実行しようとしたところ、マヴィ・マルマラ号の船員がヘリのロープを船に結びつけています。彼らは、われわれの作戦を知っていて待ち受けているようで、失敗の可能性が高いです。どうすればいいでしょうか？」と指示を仰ぐべきだったのだ。

ところが彼は、そうせずに、あたかもより上位の意思決定者であるかのように決定を下し、「よしやっちまえ！」と部下に命じて作戦を実行してしまったのである。

作戦に失敗したことが問題なのではない。人間に失敗はつきものだ。そうではなく、彼が「指揮・統制システム」に従わなかったことが問題なのだ。

この場合は、戦術レベルの決定を担う人間が、その上位の大戦略レベルの決定を勝手に下し、イスラエルとトルコの関係そのものに影響を与えてしまった。そして、こうしたミスを起こすシステムを、イスラエルが持っていたことが問題なのである。

「戦略」に不可欠な「規律《ディシプリン》」

何度でも繰り返すが、「戦略の世界」では、「規律《ディシプリン》」が物を言う。

ここで言う「規律《ディシプリン》」とは、「戦略のロジックを出し抜くことはできない」という認識能力のことだ。

「規律《ディシプリン》」の重要性を自覚していれば、たとえば「当てにならない同盟国しかいないが、自国軍の能力は高いので、多くの戦闘で勝てる。したがって戦争に勝利できる」とは考えない。

アドルフ・ヒトラーは、第二次世界大戦の開始時に、「同盟国は頼りにならないが、ドイツ国防軍が強いので何とかなるだろう」と考えていた。ところが、大英帝国、フランス帝国、ロシア帝国を相手に、イタリアやブルガリアと同盟を組んで戦うのは、そもそも無理がある。

もっぱら軍事的に戦争に勝利するパターンもあり得るが、それは、弱小国を相手にした場合だけだ。しかも、この場合、圧倒的な軍事的勝利を収める必要がある。それに対し、自分に勝る国家に勝ちたい場合は、敵よりも大きな同盟が必要になるのだ。

日本は、一九四一年一二月に戦争を始めた時点で、同盟国を持っていなかった。日独伊三国同盟は存在していたが、これは、名ばかりの同盟関係だ。たとえば、ドイツは、軍を太平洋にまで派遣できなかったし、日本がドイツから獲得できたのは、せいぜいＢＭＷの試作品のエンジン、わずかな金塊、それに天然ゴムくらいだ。

イギリスは、強力な「規律《ディシプリン》」を持ち、「戦略」にそれが不可欠であることを知っていた。「大戦略」のためには、時に極めて不快なことも受け容れる必要があることを知っていたのである。ワーテルローの戦いが、その一例だ。

イギリスの同盟工作

一八一五年、流刑地エルバ島から帰還したナポレオンは、再び皇帝の座に就き、一二万の兵を率いてベルギーに進攻した。イギリスは、オランダ、プロイセンなどと連合軍を結成してこれを迎え撃ったのだが、注目すべきは、この決戦の前に、イギリスが行った同盟工作である。

このときイギリスは、同盟の仲間を集めるために、フランスの支配地を通り抜けて使者を送って交渉し、ときには金を払うなどして、苦労を重ねている。それでも、実際に戦場に集まった同盟国の軍隊は、あまりにも小規模であったり、訓練や武器が不足していたりと、決して満足な状態とは言えなかった。ロシア軍に至っては、進軍があまりに遅かったため、決戦に間に合わなかった。プロイセン軍の大砲などの装備は、会戦中か会戦後にようやく到着したほどだ。

ナポレオンが「ライオン」だとすると、イギリスが集めた同盟は「猫と犬《キャット・アンド・ドッグ》」による同盟だと言える。しかし、ナポレオン軍一二万人に対して、イギリスが集めたのは、連合軍一一万人、プロイセン軍一二万人、合わせて二三万人だった。「猫」と「犬」でも、十分な数が集まれば、「ライオン」を倒すことができるのだ。

実は、第二次大戦後にアメリカが結成したNATO（北大西洋条約機構）は、このイギリスの戦略のコピーである。加盟国には、アイスランドやルクセンブルクのような小国の他に、後にはトルコやギリシャも加えている。同盟国のいくつかは、兵力も装備も貧困で、訓練も十分ではなく、忠誠心も高くはない。しかし戦闘力としてはほとんど無価値に思える小国でさえも、イギリスは無視していない。彼らを同盟国としてリクルートすることこそ、イギリスを世界の覇権国たらしめたやり方だったのである。そして、戦後のアメリカは、それを受け継いで、ソ連という「熊」を倒したのである。

イギリスの強み

では、なぜイギリスのエリートたちは、こうした政策を取り得たのだろうか。それは、英国の貴族が土地の管理を通して、金と権力をよく理解していたからだ。

貴族が通うのは、パブリック・スクールである。ここでは、極めて野蛮なスポーツが行われている。ラグビーやウォール・ゲームといったスポーツを通じて、貴族は暴力というものを学ぶ。

また、この階級の人間は、狐狩りを行うが、開けた場所で馬に乗りながら川や土壁などを飛び越えたりする。すると当然のように、毎シーズン、若者の何人かが落馬して首の骨を折ることになる。

しかし、こうしたことを通じて、彼らは、戦闘的な「戦略の文化」を継承してきたのである。

これは、私が個人的にも体験したことだ。

幼い頃、私は、シチリアのパレルモにある幼稚園と小学校に五歳から九歳まで通っていた。そこで私は、ケンカの仕方を学んだ。

ところが、両親の仕事の都合でミラノに移り住むことになり、私も転校することになった。すると、シチリア訛《なま》りのイタリア語しか喋れなかったので、転校先のクラスメートが、私をからかった。私は、そのバカにしたクラスメートをとことんぶん殴った。教師や両親には何も告げずに、相手は五、六人いたが、自分の手で徹底的に殴り倒したのである。しかし、そのおかげで、学校を退学処分になってしまった。あまりにも暴力的だから、というのが、その理由だった。

そこで私の両親は、イギリスに移り、私を寄宿学校に入れた。ところが、私は英語が一言も喋れなかったので、同じようにクラスメートにからかわれた。そのため、私は、再び同じように、彼らをぶん殴ったのだが、イギリスのこの寄宿学校は、私の両親にこう告げた。

「ルトワックさん、お宅の息子さんは、まだ英語がうまく喋れないようですし、どこまで授業についてこれるか分かりませんが、それでも彼は大丈夫です。彼は自分の世話を自分でできるからです」

私は、ミラノでの時と同じように、先生にも両親にも何も言わなかったのだが、だからこそ賞賛されたのだ。

ここで興味深いのは、同じ行動でも、ミラノの学校では退学処分になり、イギリスの寄宿学校ではむしろ評価されたことだ。告げ口をせず、独力で問題を解決しようとしたからだ。

この文化が、イギリスをイギリスたらしめている。彼らは、「暴力」「戦争」「平和」、そして「同盟」が何たるかを理解しているのだ。

戦闘に勝つのは重要である。しかし、それ以上に重要なのは、同盟国をリクルートすることだ。戦場に「猫」と「犬」を集めて「ライオン」や「熊」に勝つ。これがイギリスのやり方である。その根底にあるのが、「暴力」についての理解だ。彼らは、「暴力が良いことである」ことを知っており、暴力の有益性を知っているのである。

暴力のポジティブな側面を理解し、暴力の存在から目を背けない。これが、イギリスの強みなのだ。

7

「同盟」がすべてを制す——戦国武将論

原題　戦略家家康が駆使した「同盟の論理」
初出　『文藝春秋SPECIAL』二〇一七年春号
＊一部修正の上、収録

戦国武将の戦略論

私は、戦略の専門家として、世界中の軍事、外交の歴史を研究し続けている。日本の歴史も、その例外ではない。ことに一五～一六世紀の日本、いわゆる戦国時代には、注目すべき軍事指導者が数多く輩出しており、そこから学びうるものは少なくない。

そこで、ここでは、三人の傑出した日本の武将を取り上げたい。すなわち武田信玄、織田信長、徳川家康である。私が試みたいのは、彼らの軍事政策のなかに、現代にも通じる戦略のロジックを見出すことだ。

予め言っておくならば、「戦略のロジック」とは、本質的にパラドキシカル（逆説的）なものである。日常生活における常識的な論理からすれば、すべてが逆立ちしているように思えるかもしれない。

その最も基本的なものを挙げれば、「平和を欲するならば、戦争を抑止するために、軍備を整えなければならない」というものだ。言い換えると、軍備を放棄し戦争を否定したつもりが、かえって軍事バランスを崩し、近隣国が戦争に踏み切るメリットを増大させてしまう。これが「戦略のパラドックス」だ。

なぜそうなるかと言えば、戦略においては、常に「他者」が存在するからだ。ある国が戦略的なアクションを起こせば、必ず近隣国家は敵対的であれ、友好的、中立的であれ、何らかのリアクションを起こす。その他者の介入が意図せざる結果を生むことになる。

では実際の歴史において、優れた軍事指導者はこの「戦略のロジック」とどのように向かい合ってきたのか。まずは武田信玄から見ていこう。

完璧な戦術家——武田信玄

私は、武田信玄は完璧な戦術家だった、と考えている。

「風林火山」。言うまでもなく、武田信玄の軍事的スローガンとして知られる言葉だ。そのルーツは、孫子の兵法にあり、「疾《はや》きこと風の如し、徐《しず》かなること林の如し、侵掠《しんりゃく》すること火の如し、動かざること山の如し」を意味しているとされている。

ここで語られているのは、奇襲の原理である。「疾きこと風の如し」とは、つまり素早く動くことで敵にサプライズを与えよ、ということである。

奇襲の目的は、一時的に敵の反応を奪うことにある。それが一秒であることもあるし、一年間に及ぶこともあるだろうが、敵にある一定期間、反応させなくすることだ。それが有効なのは、敵の反応を奪うことで、「パラドキシカル・ロジック」の発動を抑えられるからだ。

「パラドキシカル・ロジック」は、「他者＝敵」の反応によって生じる。これが発動すると、攻撃した側の意図とは異なる複雑なリアクションが起こってしまう。それが起きないうちに作戦を終わらせてしまうことが、「疾《はや》きこと風の如し」なのである。

実は、「徐《しず》かなること林の如し」「侵掠《しんりゃく》すること火の如し」も、同じ論理に基づいている。静かに行動すれば、敵にこちらの意図を察知されることがない。ここでもその目的は、敵の反応（防戦準備など）を封じることだ。また「火の如く」全力で攻撃を仕掛けることにより、戦闘終結を早め、敵のリアクションを封じ込めようとしているのである。

こうしたことからも、武田信玄が、戦略の「パラドキシカル・ロジック」を理解し、その克服を実行していたことがうかがえる。実際、信玄の率いた武田軍団は、数々の戦果を積み上げ、戦国最強と讃えられてきた。

最高の戦略家——徳川家康

ところが、いかに戦術的勝利を重ねようとも、その勝利を完全に相殺してしまう、より高次の戦略が存在する。それが「同盟」だ。私の見るところ、戦国日本でこのことを最も理解していたのは、徳川家康だった。

そもそも、国の運命を左右するような大戦略レベルにおいて重要なのは、まず人口と経済力、そして国民の団結力である。いくら人口や経済力などで国家の規模が大きくても、それを力につなげる団結力、言い換えれば、「士気」が伴わなければ、何の意味もなさない。

その次に重要なのが「外交」である。その国が他の国々とどういう関係を持っているか。これが実は、大戦略レベルにおいて、軍事面での活動以上に決定的な要因となる。この「同盟」こそ、戦略のパラドックスを克服するための、より高度なやり方なのだ。「同盟」によって、敵対的な他者を減らし、消滅させるのである。つまり、適切な同盟相手を選び、戦術レベルでの敗北に耐え続ければ、一〇〇回戦闘に敗れても、戦争に勝つことができる。

逆に言えば、いかに戦術面でのみ優れていても、有効な外交関係を築けていなければ、一〇〇勝しようとも、最終的には敗者となってしまう。その典型が、第一次、第二次世界大戦でのドイツだが、第二次大戦での日本にも、それが当てはまる。

たとえば、日本の真珠湾攻撃は、軍事的には大成功を収めたが、大戦略のレベルで見れば、日本には何の得にもなっていない。

もし一九四一年の段階で、日本が本気で軍事的勝利を収めようと考えていたならば、ハワイからさらに進んで、カリフォルニア州に上陸し、北米大陸を横断してシカゴを陥落させ、ワシントンに攻め込んで講和条約を締結させるまで戦うべきだった。もちろん、そんなことは不可能である。ここから導かれる教訓は、すべてを軍事的な方法で行うのは、不可能だということだ。

徳川家康の戦い方を分析していくと、こうした「同盟」のロジックを知り尽くしていたことが分かる。その典型が関ヶ原の合戦だ。敵の陣営にいた勢力を味方に変えることで、予め負けることのない同盟関係を築いていたのである。

家康の優れている点は、たとえ相手が小国であっても、「同盟」の重要性を忘れていないことだ。

大河ドラマ『真田丸』でも取り上げられた上田合戦を見てみよう。よく知られているように、関ヶ原に向かう三万八〇〇〇の徳川軍本体が、真田昌幸・信繁（幸村）率いる二〇〇〇の軍勢に足止めされた戦いであり、従来は、真田家の武勲、戦術的な巧みさが強調されてきた。

しかし、戦略家の目で見るならば、家康の凄さは、こうした小国相手でも、一族の分断を図り、信繁の兄の信幸と「同盟」を組んでいることである。これによって、戦闘が終わった後の展開、すなわち戦略レベルの備えをも整えておくのだ。

家康は、人類史上でも稀に見る最高レベルの戦略家だった、と私は評価している。政治的に安定した幕藩体制を築き上げたからだ。これこそ、まさに同盟関係によって、「敵」を消失させる最高度の大戦略であり、その有効性は、三〇〇年近くにまで及んだ。これを成し遂げた人物は、世界史上でも極めて稀である。

「戦術」と「戦略」を併せ持つ——織田信長

完璧な戦術家であった武田信玄と、最高レベルの戦略家であった徳川家康の間に位置するのが、織田信長だ。

信長は、革新的な作戦家である。たとえば、長篠の戦いは、火縄銃の採用や野戦築城などの戦法を駆使したとされるが、それより重要なのは、用兵上の革新である。農民である足軽に火縄銃を使わせたことが、その革新だ。

この戦いでは、一方の武田軍は、騎兵隊による攻撃を行った。侍が鮮やかな鎧兜に身を固め、馬にまたがって、二時間ほど突進を繰り返す。ダイナミックで派手な戦法ではあるが、実行するのは難しくはない。

ところが、信長は、高価な武器である火縄銃を、農民に持たせた。ここで不可欠となるのは、強い「規律《ディシプリン》」なのである。

そもそも、足軽たちに火縄銃の操作法を教え、一斉に攻撃が行えるように訓練しなければならない。しかも、襲い来る騎馬軍団の恐怖に耐え、脱走しないように、しっかりと隊列を組ませるのである。そこには、忍耐と不屈の精神が必要となる。信長の真の卓越性は、このハイレベルの「規律《ディシプリン》」を必要とする作戦を計画し、実行したことなのだ。

このような革新的な作戦を計画できた人物は、私がいま思い当たるかぎりでは、他に二人しかいない。

一人は、第二次世界大戦のフランス戦線で、いわゆる「大鎌作戦」を計画したドイツの参謀エーリッヒ・フォン・マンシュタインだ。彼は、ベルギー、フランドルの英仏連合軍をフランス本土から切り離すために、不可能と思われていたアルデンヌの森を戦車部隊で突破し、フランス領内に侵攻する作戦を立案した。その結果、一カ月あまりでフランスを降伏に追い込んだのである。

もう一人は、イスラエルのアリエル・シャロンだ。シャロンは、一九七三年の第四次中東戦争で、スエズ運河の渡河作戦を立案、実行した。エジプトが両岸を支配していたにもかかわらず、渡河した上に、敵の背後に回り込み、相手の拠点を完全に破壊したのである。ちなみにこの私も、この第四次中東戦争で戦った経験を持つ一人である。

戦略に必要なのは「規律《ディシプリン》」

しかし、繰り返しになるが、「作戦」よりも「同盟」の方が、戦略としては上位に位置する。

ここでも参考となるのは、徳川家康のケースだ。彼のような人物でさえ、城を明け渡したり、戦闘で負けたり、裏切者が出たり、と非英雄的なことをも堪え忍ぶ必要があった。ところが、その「規律《ディシプリン》」こそ、戦略に必要なのだ。

彼は、自らの領地を守り抜くために、織田信長との「同盟」を選んだ。一五六二年の清洲同盟である。しかし、これは苦難に満ちた選択でもあった。強大な武田軍に対して、常に最前線で戦わされ、三方ヶ原の戦いでは、壊滅的な敗北も経験している。信長の命令で、自分の妻や長男をも殺害せざるを得なかった。しかし、この「規律《ディシプリン》」が、「同盟」という戦略を実行する上では必要なことだったのだ。

アメリカとの同盟

たとえば、今日の文脈で言えば、アメリカとの同盟関係をどう考えるべきか。これには、論理的に、二つの選択肢がある。現実のアメリカと付き合うか、それとも都合のよいアメリカを「発明」するかだ。

イギリスのケースを考えてみよう。彼らは、アメリカからかなりひどい仕打ちを受けている。アメリカは、香港や上海などの「条約港」を持っていたという点で、イギリスを常に非難し、何度も馬鹿にして屈辱を与えている。世界中のイギリス領で、「俺たちアメリカ人は、イギリスとは違って反植民地だ、俺たちが彼らを叩きだしたんだ。あいつらは本当にひどいやつらだ」と言いふらしたのである。

そのアメリカも、中東に石油を求めて、サウジアラビアの権益を押さえると、イギリスの参加を許さなかった。要するに、彼らも似たようなことをやったのである。

しかしここで言えるのは、現状以上のアメリカを望めないなら、現実のアメリカと付き合うしかない、ということだ。この「規律《ディシプリン》」こそ、大戦略で必要となるのである。

「同盟」こそ最強の戦略

「同盟」は、大戦略を遂行し、勝利を獲得する上で不可避な選択である。あらゆることには限界があるからだ。

どんな大国も、軍事力のみで勝ち続けることは不可能だ。結局は、世界すべてを敵として戦う羽目に陥るからである。

今後の日本がどのような戦略を取るにしても、「同盟」の有効性は無視できないだろう。それも、かつての日独同盟のような名ばかりの「同盟」では意味がない。

そして、もうひとつ忘れてはならないのは、「同盟」という戦略は、しばしば不快で苦難を伴うものでもある、ということだ。

戦略において、正しい選択を行うのは、実は難しい。しかし、最悪の選択とは、「まあ大丈夫だろう」と考え、何の選択も準備も行わないことなのである。

8

戦争から見たヨーロッパ

──「戦士の文化」の喪失と人口減少

聞き手　奥山真司
収　録　二〇一六年一〇月、東京駅近くのホテルにて

戦争から生まれたダイナミックなヨーロッパ

ヨーロッパとは、常に戦争が行われてきた場所である。

戦争は、ヨーロッパ文化の核心に関わっている。ヨーロッパの偉大なる創造性、ダイナミズム、エネルギーのすべては、戦争が常に発生するヨーロッパの土地柄から生まれてきたのだ。

だからこそ、ユーラシア大陸の周縁部の狭い空間にひしめき合う諸国が、世界の大部分を植民地化できたのである。ロシアのシベリア方面への東方拡大だけでなく、スペイン、ポルトガル、オランダ、イギリス、フランスによる植民地の獲得など、ヨーロッパは、世界中に進出してきた。

外に出て行ったヨーロッパの人々は、中国やインドなどの現地では、数の上では常に劣勢であったが、その情熱的なエネルギーの点では、彼らよりも優っていた。だからこそ、世界を形成できたのである。

『オデュッセイア』と『イーリアス』

当時のヨーロッパの人々の思想にとって、根本的な位置を占めていた書物がある。『オデュッセイア』と『イーリアス』の二冊だ。いずれも、ギリシャのホメロスの著作とされており、『オデュッセイア』は個人主義、『イーリアス』は戦士の美徳を教えている。

これらの思想の土台の上に、キリスト教的な情熱と戦闘的な要素が加わって、ヨーロッパが世界を制覇したのである。

もちろん、キリスト教のなかには平和的な要素もあるが、そのほとんどは、戦闘的な要素で占められている。一六世紀には日本に、一七世紀にはアマゾンのジャングルに到来したイエズス会の宣教師たちのように、この宗教には、外に向かう強烈なエネルギーに満ち溢れていたのである。

世界の探求への情熱に突き動かされた当時のヨーロッパ人の土台にあったのが、ホメロスの書物だ。それは、彼らにとって「憲法」のような存在だったのである。

ヨーロッパ文化の「非戦闘化」による少子化

ここでとくに注目したいのは、ホメロスの書物の中でも『イーリアス』の方である。この「憲法」に述べられていたのは、実は、たった二つの事柄だった。一つは、「男は戦いを好む」ということ。もう一つは、「女は戦士を好む」ということだ。

今日のヨーロッパでは、このような思想は否定されており、大多数の人々は、平和主義を肯定し、戦争そのものを否定し、社会全体に、暴力に対する嫌悪感が充満している。彼らは、戦争を嫌っているし、敵を殺すのを嫌っている。英軍の兵士が、イラクでイラク人を殺した、として軍法会議にかけられているほどだ。

ところが、ヨーロッパの男たちが、戦争を嫌悪するようになり、戦争そのものを回避するようになることで、ヨーロッパの女たちも、愛すべき戦士を失ない、つまり愛すべき対象を失ない、子供をあまり生んでいないのだ。ヨーロッパから戦争がなくなったために、子供もいなくなりつつあるのである。ヨーロッパ文化の「非戦闘化」によって、少子化が生じているのだ。

これは、マーチン・ファン・クレフェルト〔イスラエルの歴史学者・軍事学者。著書に『戦争文化論』など〕が、われわれに突きつけている「生命の法則《ロー・オブ・ライフ》」という問題だ。

「生命の法則」を拒否する国は消滅する

今日のヨーロッパでは、クレフェルトの言う「生命の法則」が拒否されている。「生命の法則」とは、端的に言えば、「男は戦いを好み、女は戦士を好む」というものだ。もちろん、この法則をあざ笑う人もいるだろう。ところが、この法則が拒否される国で少子化が起きているのだ。戦いを嫌う国では、子供があまり生まれていないのである。

今日のヨーロッパは、成熟した高度な文化を持ち、自由主義的であり、それゆえに「生命の法則」を拒否している。しかし、「生命の法則」を拒否する国は、将来、存続できなくなる。人口数が減って、いずれは消滅するからだ。

女性一人当たり一・一人程度の出生率では、人口は、半減を繰り返し、どんどん減っていくはずだ。これこそ、いま世界中で起こっている現象である。

「生命の原則」を拒否した後に残るのは、「死」だけだ。戦いが、「野蛮」で「原始的」で「後退的」とみなされるようになれば、子供は生まれなくなる。「男は戦いを好み、女は戦士を好む」という文化を失った国は、いずれ消滅する。

ここで注目すべきは、イギリスの出生率が、イタリアやスペインなど他の欧州諸国より比較的高いことである。イギリスには、「男は戦いを好み、女は戦士を好む」の文化が、まだ比較的健在なのである。

トランプには未来がある

では、アメリカはどうか。

ヒラリー・クリントンを支持していたアメリカ東部のエリート層は、トランスジェンダーの権利などを盛んに擁護している。ペンタゴンでも、たとえば、沿岸警備隊のトランスジェンダーの「女性」（元男性）隊員が他の女性隊員と同室で就寝しても良いかどうかなどが議論されている。

あるいは、ＣＮＮのアンカーであるアンダーソン・クーパーという人物をご存知だろうか。彼は、大統領選における討論会の司会者も務めたかなりのイケメンだが、ゲイであることを公表していて、大統領選挙前に、みずからの番組で、「トランプに胸を触られた」と主張する女性たちをインタビューしていた。

いずれにせよ、ここにシンプルな一つの事実がある。アンダーソン・クーパーには子供がいないが、トランプには、子供が五人、孫にいたっては、娘のイヴァンカだけでも三人いる。将来、孫が一〇人から一五人程度になるのは、ほぼ確実だ。

もちろん、アンダーソン・クーパーは、フライトアテンダントの胸など触ったことがないほど上品だろう。ところが、彼には未来がない。トランプには未来がある。

まだ健在なアメリカの戦士文化

少子化については、さまざまな見解や分析があることは承知している。しかし、そうした分析で取り上げられている諸要素は、少子化とほぼ無関係だ、と私は考えている。戦争を嫌悪する国、「生命の法則」を拒否する国で、少子化と人口減少が生じているからだ。

今日のヨーロッパ文化の「非戦闘化」の一部は、アメリカから輸入されたものだ。アメリカ社会には、もともと『イーリアス』が語る「戦士の文化」から逸脱する余裕があり、そこからフェミニズムやトランスジェンダーの思想が生まれた。ヨーロッパ社会には、もともとカトリック的な反国家思想、反軍事思想、ルター的な贖罪意識があり、そうした文化的土台に、フェミニズム、トランスジェンダーといった思想がアメリカから流入してきたのである。

ところが、アメリカでは、そうした新しい思想による文化的なダメージは、わずかなものに留まった。アメリカ人の大部分は、いまだに『イーリアス』の精神を守り続けているからだ。

たとえば、ヒスパニック系では、伝統的に、マッチョな戦闘的な文化が受け継がれている。アイルランド系、スコットランド系では、田舎の山男文化《ヒルビリー》が継承され、彼らのような人間たちが、いまだに銃規制を拒否しているのだ。

銃規制の反対派は、精神的に『イーリアス』の教えに忠誠を誓っている人々だ。そしてこのような人々が、アメリカ社会の中で子供を産んでいるのである。

自殺するヨーロッパ

ところが、ヨーロッパでは状況が異なる。彼らは、『イーリアス』の精神を失い、子供を産んでいない。さらに、イスラム系移民を受け入れることで、その穴埋めをしている。

しかも、このイスラム系移民は、労働力しか持ち込んでいない。彼らは、「アクシデント的に生まれた宗教」の軛《くびき》にいまだにつながれているからだ。

イスラム教を「アクシデント的に生まれた宗教」と称したのには理由がある。この宗教が、ビザンティン帝国（東ローマ帝国）とササン朝ペルシャ帝国が激しく戦って双方が弱体化していた時期に誕生したからだ。要するに、その当時には強力な敵となる帝国が周囲になかったために、イスラム教は急速に広まったのである「アクシデント的に生まれた宗教」を受け入れる。これこそが、現在のヨーロッパが抱え始めた難題である。

しかも、ヨーロッパ自体が、思想的には、「自殺的なアイディア」に支配されている。「自殺的」とは、イスラム系移民に対して、寛容で、平和主義的な態度のことだが、これによって、ヨーロッパは、人口的にも破壊される。

もちろん、ヨーロッパの人口減少も、均一ではない。たとえば、スペインなどは、減少率がとくに著しい。

実際、今日のスペイン人は、平和主義的で、ゲイやトランスジェンダーに対して寛容であることをみずから誇りに思っている。それは、彼らのテレビドラマや映画を見ても分かる。子供が三人いるような家庭は、まったく描かれていないのだ。

ヨーロッパと戦争

ヨーロッパが成功していたのは、ヨーロッパが戦場であった時代だ。「戦争のないヨーロッパ」は、「ガソリンの入っていない車」のようなものなのかもしれない。いずれにせよ、ヨーロッパのダイナミズムが戦争によってもたらされてきたことは明白だ。

一九一四年～一九四五年、つまり第一次大戦の開始から第二次大戦の終結まで、ヨーロッパ諸国は、戦争の惨禍を被ったわけだが、この時期に、ジェットエンジン、航空機、弾道ミサイル、電子産業、通信技術など、現在も使われているテクノロジーの大部分が生み出された。核兵器も、ヨーロッパが生んだ技術だ。軍事技術だけではない。それ以外の分野でも、当時のヨーロッパは、凄まじいほどの創造性を発揮し、世界のテクノロジーの進歩に貢献したのである。戦争がなければ、創造性も生まれないのだ。

ヨーロッパ人は、『イーリアス』をもはや読んでいない。ところが、アメリカ人は、まだ読んでいる。そして中国人たちも読み始めた。ここ五年間で、五つの版が出版されているほどだ。

英語圏でも、『イーリアス』の新訳がほぼ毎年出ている。これは、「戦士の文化」に対する関心が続いていることの証しである。つまり、「男は戦いを好み、女は戦士を好む」という文化が受け入れられ、そのような男女から子供が産まれている、ということだ。

いずれにせよ、戦争とは、探求であり、発見であり、テクノロジーの進歩だ。これは、「トロイの木馬」の時代から不変の真理なのである。

文化大革命のような大きな変革が起きないかぎり、この先のヨーロッパには衰退しかない。

もちろん国ごとに出生率が異なり、その衰退の度合いも異なるのだが、行き着く先は同じだ。

「先進的」なスウェーデンなどでは、知識層が完全に混乱に陥り、むしろ積極的にイスラム系移民を招いていたほどである。彼らのリベラリズムは、一種の「義務」のようなもので、「招くべきだ」とむやみに信じていたのだ。

ところが、東欧には、そのような「思想の先進性」は存在しないので、伝統的な家族がいまだに存在している。

もちろん、彼らも、教育水準がまだ低かったり、独自の問題を抱えている。とりわけ「権力の生産者」ではなく「権力の消費者」である、という特徴は、彼らの弱さにつながっている。

その逆に、イギリスやフランスは、自分たちが「消費」できる以上の「権力」を「生産」しており、いまだにアフリカなどの外部で「権力」を行使しているが、ポーランドなどの東欧諸国は、みずから必要とするだけの「権力」さえ「生産」できず、だからこそ、みずからの安全保障すら、ロシアのような他国に頼ってしまうのである。

戦略は上手だが、経済運営が下手なロシア

ロシアも、ヨーロッパの国の一つであるが、ここで、この国の三つの特徴を指摘しておきたい。

第一は、「戦略は上手だが、それ以外はすべて下手だ」という点だ。だからこそ、ロシアは、世界最大の国土を維持している。彼らは、戦略をマスターしているのである。

現在のロシアの戦略の実践者は、プーチンである。彼は、わずか五年の間に、南オセチア、アブハジア、クリミア半島といった三つの領土をロシアに組み込んでいる。

さらに彼は、現状以上の領土を組み込むだけの能力も持っている。帝国の運営の仕方も理解している。ロシア人は、その世界最大の帝国を維持するやり方を知っているのだ。

ところが、彼らは、経済がまるで分かっていない。これが第二の特徴だ。

彼らに不可能なのは、経済的競争力を持つことだ。過去においては、経済的競争力を欠いていても、強力な大国として君臨できたが、現代においては、それが国家としての脆弱性につながっている。

モスクワは、とくにシベリア経営で、その無能さを露呈している。シベリアでは、人口減少が起こり、経済もひどく停滞したままである。

シベリア開発の過去と現在

ロシアの戦略における優位は、経済運営における劣位と微妙にマッチしているのだが、彼らは、経済面では、基本的なことさえ理解できていない。

シベリアのような広大な土地の開発には、起業家や投資家の参加が不可欠である。そのために、市場の開放や経済活動の自由化が必要となる。ところが、参入者に自由なチャンスを与えることさえできていない。

実は、過去には成功例もある。啓蒙的な統治者が、商人、交易者、投資家に自由を与えて活動させていた歴史があるのだ。

たとえば、一九世紀には、ウラル河畔のオレンブルグという町にいた商人は、そこから何千キロものステップを越えて、今日のカザフスタンにあるセミパラチンスクやアルマティにまで出かけ、交易所を設置し、毛皮などの物資と交換したのである。とくにセミパラチンスクでは、一八九〇年代から製薬産業が興り、ここで製造された薬が世界中に流通していたほどだ。ハーブから牛用の薬などを生産していたのである。

ところが、今日、プーチン政権や現地当局は、自由な経済活動を制限し、ビジネスのライセンス許可を厳しくしている。本来ならば、無税のような状態にして自由な経済活動を推進すべきなのに、彼らは正反対のことを行っているのだ。

現状と反対の政策を実施すれば、シベリアは、確実に経済発展するだろう。たとえば、通常の観光だけでなく、冒険的なツーリズムも可能だろうし、レナ川での船旅もいい。天然資源の採掘も盛んになるだろう。

ロシアの長期戦略

「大きな規模《スケール》で考えることができる」ということが、ロシアの第三の特徴だ。彼らは、大きな地図の中で自分の立ち位置を認識でき、西と東の状況を同時に俯瞰《ふかん》できる。

たとえば、自国の西側で攻撃的な態度をとりながら、東側で柔和な態度をとることもできる。「クマの牙はヨーロッパに向いているが、その柔らかい尻は日本に向いている」といった具合だ。

空間だけではなく時間的にも大きなスケールで考えることができる。空間的にも、時間的にも大きな視野を持っているのだ。西ヨーロッパの人々には、残念ながら、そのような能力は備わっていない。

たとえば、ナポレオンは、ワルシャワとモスクワの間の一二〇〇キロの距離によって、ロシアに敗北した。ヒトラーも、まったく同様である。

ところが、ロシア皇帝は、すでに一六八〇年代の時点で、太平洋近くのウスリー川やアムール川まで活動領域を広げている。この近辺のアルバシンという場所に城塞を築いていたロシアは、一六八五年に清の軍隊に攻撃されたため、紆余曲折《うよきょくせつ》を経て、清と講和条約を結んだ。これが、ネルチンスク条約（一六八九年）だ。

ここで強調しておきたいのは、すでに一六〇〇年代後半の時点で、ロシアは、東部の僻地にまで建材や設備を運んで城塞を建造した、という事実である。

さらに興味深いのは、ネルチンスク条約の交渉におけるロシア側の代表は、ロシア正教の高位の聖職者である「掌院」で、清側の代表は、北京に滞在していたイエズス会の神父であり、双方がラテン語で合意文書を作成していることだ。当時、この二国間の共通言語は、ラテン語しかなかったのである。

ヨーロッパの消滅は不可避

ヨーロッパの今後について、私は悲観的である。文化的に大革命が起こって、ヨーロッパの本来の思想文化、要するに『イーリアス』の教えが復活しないかぎり、ヨーロッパに未来はないからだ。

「男は戦いを好み、女は戦士を好む」という文化が消滅すれば、その国の人口減少と衰退は確定的である。

フランスでも出生率が高いのは、主にイスラム系の女性であり、アメリカでは、銃規制反対派のような人々であることに注目すべきである。

銃規制賛成派は、子供をあまり産んでいない。彼らの文化やライフスタイルでは、女性一人あたり二人以上産むことは、そもそもあり得ないようになりつつある。

今日、多くのヨーロッパの人々にとって、子供をたくさん産むことは、恐怖でしかない。自分たちの貴重な余暇やバカンスの時間を奪われてしまうからだ。

『イーリアス』を復活させず、イスラム系難民の流入も止めず、ヨーロッパ人としてのアイデンティティも再構築せず、ヒューマニズムとしては素晴らしいが、生存にとっては破壊的でしかない一連の革新的なイデオロギーも止めないなら、ヨーロッパの消滅は、不可避である。ヨーロッパの多元性に起因するダイナミズムが生まれてこないからだ。

戦争とヨーロッパの多元性

ヨーロッパの活力は、常にその多元性から生じていた。フランス、ドイツ、イタリア、ポルトガルといった、それぞれ独自な国家同士が鎬《しのぎ》を削っていたからこそ、ヨーロッパは活力に溢れていたのである。

ところが、今日のヨーロッパ人は、「戦争は悪だ」という思想ばかりに囚われ、みずからの活力の源泉たる多元性を軽視してしまった。EUの結成によって、多元性がフラット化され、ヨーロッパの多元性と活力そのものが奪われてしまったのだ。

たとえば、チーズの製造法を基準化することは、一種の「近代化」という面では正しいかもしれないが、都市ごとや国ごとの独自性や活力を削ぐことになる。

彼らは、多元的であったからこそ、互いに争っていたのであり、そのことが、それぞれの創造性の発揮につながっていたのだ。競争は、創造性を生み出すからである。

映画『第三の男』で、オーソン・ウェルズが演じる悪役ハリーが放ったセリフには、このようなものがある。

「イタリアでは、ボルジア家の圧政や汚職や混乱や暴力が、ルネッサンスを生んだ。ところが、スイスの平和な五〇〇年は何を生んだか？　鳩時計だけさ」

結論を言おう。ヨーロッパの将来は、財政要因や経済要因で決定されるものではない。それを決定するのは文化だ。ところが、ヨーロッパの人々は、もはや『イーリアス』を読んでいないのである。

イスラエルの「戦士の文化」

イスラエルのテルアビブを訪れてみるとよい。

大卒の女性たちも、当然のように、子供を三人産んでいる。私の知人の若い女性も、四人きょうだいの一人だ。要するに、イスラエルは、「戦士の文化」を社会的に維持しているのである。彼らは、先進的だが破壊的な現代のイデオロギーには、毒されていないのだ。

イスラエルの一八歳の若者は、フェイスブックへの投稿より、軍隊への入隊を欲している。そこで彼らは、男らしさ、勇敢さ、チャレンジ精神を試される。そして女性の半数以上が軍隊に入り、戦闘部隊に参加する者もいる。

しかも、イスラエルでは、ハイテク産業が盛んだ。高度なテクノロジーを次々に生み出している。小国ながら数多くのノーベル賞受賞者——「平和賞」ではない！——を輩出しているのである。

このような「戦士の文化」をもった国が、創造的なハイテク産業を擁し、しかも世界への探求心も強い。

たとえば、イスラエルから多数のバックパッカーたちが、世界中に旅行に出かけている。人口は八六〇万人なのに、まるで八〇〇〇万人の人口規模の国であるかのような存在感だ。イスラエルの若者は、それほど冒険心に満ちているのである。

ここでわれわれは、皮肉な現象を目撃していることになる。それは、ヨーロッパ文化が最後に花を咲かせている場所が、中東のイスラエルである、ということだ。

9

もし私が米国大統領顧問だったら
——ビザンティン帝国の戦略論

聞き手　奥山真司
収　録　二〇一六年一〇月、東京駅近くのホテルにて

一般労働者の利益を代弁しない民主党と共和党

アメリカの政治は、難しい転換期にある。社会的、経済的な新しい現実に、政治がうまく対処できていないからだ。

小さな政府を志向し、税負担を減らしたい共和党も、黒人、ヒスパニック、LGBT、フェミニストの票を基盤にする民主党も、アメリカの一般的な労働者、工場労働者の利益を代表できていない。

工場労働者や低所得者は、政府が無制限にグローバル化を支持しているために職を失い、共和党・民主党双方による「中・上級階層向けの政策」による被害も被っている。

この点は、たとえば、太陽光発電の政策を考えると分かりやすい。

富裕層は、豪華な自宅の屋根にソーラーパネルを設置することで政府から補助金がもらえる。ところが、低所得者は、そもそも賃貸住宅に住んでいるので、太陽光発電推進政策の資金は、すべて富裕層に流れる。あるいは風力発電も、石炭発電の代替エネルギーとして期待されている。ところが、石炭発電では、スキルのない多数の労働者を雇用できるのに対し、風力発電では、少数のスキルの高い技術者だけで事足りてしまう。

このような例は、他にも無数にある。たとえば、車の安全対策だ。富裕層だけが、厳しい安全基準を満たした高価な新車を購入でき、貧困層は、中古車、しかも安全性のはるかに劣る車しか買えない。

このように、アメリカで現在、採用されているあらゆる政策が、低所得層にとっては厳しいものになっているのだ。グローバル化、太陽光発電、車の安全規制の向上などは、いずれも人類の進歩に貢献するものだろう。ところが、そうした政策は、低所得層、とりわけ白人の低所得層にとっては、マイナス効果しかもたないのである。たとえば、アファーマティブアクション〔人種間格差是正措置〕によって、ミシェル・オバマのような黒人女性が優先的に奨学金を得て大学に入学できるのに、同じ能力を持つ貧しい白人の子供は不利になる、という事態が発生している。

ここから分かるのは、どの政党も、アメリカの白人の多数派の利益を代表できていない、ということだ。だからこそ、近年見られるような既成政党、既成政治家への不信感が高まり、立法府と行政府の間にも捻じれが生じ、政権運営が麻痺するのである。

アメリカが、現在の困難を乗り切るには、国内の政治体制を改革する必要がある。たとえば、民主党は、黒人、ヒスパニック、LGBT、フェミニストのような少数派の支援を受けているが、一般的な白人の労働者の支持は受けていない。民主党の伝統的な支持基盤は、一般労働者、工場労働者、サラリーマン、会社の下級マネージャーだったはずなのに、彼らは、すでに民主党に投票していないのである。

共和党も、自由貿易を目指す政党と化しているため、一般労働者や工場労働者の利益を代弁できていない。彼らは、自由貿易に反対だからだ。

国内政治の混乱とアメリカ外交の麻痺

こうした政治対立の構造が是正されるまで、アメリカでは、大統領府と連邦議会が互いに協力してスムーズに政治を行うのは不可能だろう。したがって、アメリカ国民の大多数の利益を代表できる政権が誕生するまで、アメリカの国内政治では混乱が続くことになる。

実は、過去のアメリカには、大多数の国民の利益を代表した政権が存在した。古い民主党政権、そしてアイゼンハワー政権とレーガン政権である。彼らは、労働者階級の利益の代弁を目指していたが、このような政権は、もはや存在しない。

政治の混乱状態が続くと、たとえば、元大阪市長の橋下徹やドナルド・トランプのような現象が起こってくる。このような人物が登場してくる背景として、行政府と議会が相容れない状態にある、ということが言える。

そして、国内政治の混乱ゆえにこそ、アメリカの対外政策も麻痺するのである。実際、オバマ政権の対外政策は、「政策」と呼ぶことさえできない代物だった。

オバマ政権が対外的に行ったのは、「プーチンに対する侮辱」をひたすら繰り返すことだけだった。相手に対する「侮辱」は、「政策」ではない。そうではなく、プーチンと交渉して彼の望むことを部分的に受け入れたり、逆にトルコの空軍基地を使って、ロシアに対し、「シリア上空に飛行機を飛ばしたら撃墜する」「飛ばしたらパイロットが死ぬぞ」と宣言したりすることの方が余程まともな「政策」なのである。

ビザンティン帝国と徳川日本――長期持続の秘訣

ここで、ビザンティン帝国の教訓を引き合いに出してみたい。

ビザンティン帝国（東ローマ帝国）は、「人類史上で最も長く続いた帝国」である。なんと一〇〇〇年間も続いたのであり、ローマ帝国よりも遥かに長く存続した。

ビザンティン帝国は、最も成功した「戦略」の実践者であった。だからこそ長く存続できたのである。

この点、日本の徳川家康も、似たような「戦略」の成功者だ。

家康は、「戦略」にとって重要なことをすべて体現していた。それは、武田信玄の「風林火山」という言葉で示されるものとは、すべて正反対のものである。

たとえば、林のように静かにしてはならない。外交によって「同盟」を築くためには、すべての人々と話をする必要があるからだ。「同盟」を形成するには常に語る必要があるし、時間がかかるのである。

関ヶ原の戦いがその典型だ。家康は、敵の同盟国を引き離し、自分側の「同盟」に引き入れたのである。さらに幕府体制をつくったわけだが、これは、国内を徹底して安定させるシステムであった。参勤交代、諜報体制の構築、手形や関所を活用した警備体制など、戦国時代という内乱状態を安定化させるための体制だ。さらには、海外との関係も制限し、思想的な面でも安定化をはかったのである。

このような体制を考案するには、戦略思考が不可欠なのである。

ビザンティン帝国の七つの教訓

ビザンティン帝国に話を戻そう。二〇年に及ぶ研究の結果、私は、この帝国の戦略を七つの教訓にまとめあげた。主にアメリカのためにまとめたものだが、どの国にも応用できるはずだ。

（1）戦争は可能な限り避けよ。ただし、いかなる時にも戦争が始められるように行動せよ。訓練を怠ってはならず、常に戦闘準備を整えておくべきだが、実際に戦争そのものを望んではならない。戦争準備の最大の目的は、戦争開始を余儀なくされる確率を減らすことにある。

（2）敵の情報を心理面も含めて収集せよ。また、敵の行動を継続的に監視せよ。それは、生産的な活動ではないかもしれないが、無駄になることはまずない。

（3）攻撃・防衛両面で軍事活動を活発に行え。ただし戦闘、とくに大規模な戦闘は、よほど有利な状況でないかぎり避けよ。敵の説得を武力行使のおまけ程度に思っていたローマ帝国と同じように考えてはならない。武力行使を最小限に留めることは、説得に応じる可能性のある者を説得する助けになり、説得に応じない者を弱体化させる助けになる。

（4）消耗戦や他国の占領ではなく、機動《マニューバー》（詭動）戦を実施せよ。電撃戦や奇襲《サプライズ》で敵をかき乱し、素早く撤退せよ。目的は、敵を壊滅させることではない、なぜなら、彼らは、後にわれわれの味方になるかもしれないからだ。敵が複数いる場合、互いに攻撃させるように仕向けられれば、単一の敵よりもかえって脅威は小さくなる。

（5）同盟国を得て、勢力バランスをシフトさせ、戦争を成功裏に終結させられるように努めよ。外交は、平時よりも戦時においてこそ重要である。「銃口が開けば外交官は黙る」という馬鹿げた諺《ことわざ》は、ビザンティンがそうしたように否定せよ。最も有用な同盟国は、敵に最も近い国である。彼らは、その敵との戦い方を最も熟知しているからだ。

（6）政権転覆は、勝利への最も安上がりな方法だ。戦争の費用とリスクに比べれば、実に安上がりなので、不倶戴天《ふぐたいてん》の敵に対しても実行を試みるべきである。宗教的狂信者でさえ、買収可能であることを忘れるな。ビザンティンは、かなり早い時期からこのことに気付いていた。狂信者は、もともとクリエイティブなので、自分の大義に背く行動でさえ正当化できるものなのだ（「イスラムの最終的な勝利は、いずれにせよ明らかなのだから」云々）。

（7）外交と政権転覆では目的を達成できず、戦争が不可避となった場合には、敵の弱点を衝く手法と戦術を適用せよ。消耗戦は避け、辛抱強く徐々に相手を弱体化させよ。時間がかかるかもしれないが、急ぐ必要はない。なぜなら、ある敵がいなくなっても、すぐに代わりの敵が必ず現れるからだ。支配者は入れ替わり、国家は興亡を繰り返すが、帝国は永遠である。もちろんこれは、自ら帝国を弱体化させなければ、という条件つきではある。

第一の教訓は、「あらゆる手段を通じて戦争を避けよ」というものだ。これには、相手の買収、柔和な態度、そして一部での撤退も含まれる。現在のアメリカは、この教訓が分かっていない。戦いたがっては絶対にいけないのだ。

代わりに、いつ戦争が起きても戦えるように、戦闘訓練だけは怠ってはいけない。これは逆説的だ。「平和が欲しければ戦争に備えよ」というウェゲティウスのラテン語の格言があるが、まさにこのことを表している。

第二に、「敵についての情報収集」についてであるが、これは、敵軍の兵力のような物的なことだけでない。むしろ敵国のメンタリティの部分が重要である。相手のメンタリティを理解できて初めてその行動が予測できるからだ。

当然ながら、情報収集というインテリジェンス関連の活動は、実を結ばないことの方が多い。いわば非生産的である。ところが、戦争とその被害を避けられるのならば、それは無駄ではない。

第三の教訓は、「戦争が不可避になっても、本物の戦闘はなるべく避けるべき」である。これは、当然だが、さらに重要なのは、敵軍をなるべく殺すな、ということだ。目の前の敵も、明日の友軍になる可能性があるからである。

ビザンティン帝国も、辺境で野蛮人の集団に直面したわけだが、野蛮人をすべて殺したわけではない。別の野蛮人が来たときに、彼らの協力が得られなくなるからだ。すべての敵は、潜在的な友である。現在の友も、潜在的な敵なのだ。

第四の教訓は「殲滅戦《せんめつせん》は避けるべきである」ということだ。正面からぶつかり合うような戦いは避けるべきなのである。なるべく詭動《マニューバー》を使うべきであり、迅速な攻撃と撤退を繰り返すのだ。

ここでの目的は、「敵の封じ込め」であり、「敵の破壊」ではない。帝国内に入ってくることを阻止しつつ、ヒットアンドランをかますのである。敵の外側には、また別の敵がおり、その外には、さらに別の敵がいるかもしれないからだ。

さて、このような敵と対峙する場合、相手が単一の場合よりも、複数の方が好都合だ。詭動《マニューバー》を行いつつ、複数の敵から、一つの勢力を説得し、同盟を組んで、その他の敵と対抗できるからだ。単一の敵が相手なら、これに直接対峙しなければならず、犠牲や代償が生じる。ところが、敵が複数なら希望が持てる。その複数の勢力同士を争わせればよいからだ。

第五の教訓は、「戦争は、特殊な状況以外では始めてはならず、始めても早急に終わらせるべきである」ということだ。

戦争を終わらせるには、勢力バランスの変化が必要であり、その変化には「寝返り」が不可欠である。要するに、敵の中から味方を探す作業のことだ。たとえば、敵軍の中から兵士を寝返らせたり、昇進を逃した将軍などを引き抜く。これによって戦争を終わらせるのである。

戦争の目的の一つは、戦争が終わった時点でみずからの立場を優位におくことにある。

だからこそ、外交が重要となるのであり、これは戦時においても変わらない。

第六の教訓は、「常に狙うべきは『調略（subversion）』である」ということだ。

ここで目指すのは、政治面で敵の内部に浸透し、敵の内部に自国のために戦わないような勢力、自国を支持しない勢力をつくりだすことである。

この「調略」は、宗教過激派と対峙する場合でも有効である。たとえ裕福な過激派でも、買収できる可能性は常にあるからだ。

家康が関ヶ原の戦いで勝利できたのも、彼が「調略」を狙ったからである。敵を寝返らせたのだ。

外交で狙うべきは、中立の勢力を味方につけ、同盟国にもさらなる協力を求め、敵の勢力を分裂状態に追い込むことだ。そのために使うべきなのが、「見返り」と「反撃」である。

ここに言う「反撃」とは、敵の敵を買収するなどして、背後から目の前の敵を襲わせることである。これに成功すれば、敵は、こちらの行動を察知し、「どうすれば、これを止めてくれるのか？」と尋ねてくるはずだ。

第七の教訓は、調略と外交では十分でなければ、戦争が不可避となるが、そこで行うべきは詭動戦で、これによって、相手の弱みに徹底的につけ込み、敵が弱体化するまで忍耐強く待つべきである、ということだ。目の前の敵を倒しても、その次の敵が出現するパターンもあるからだ。そうなると、敵の打倒そのものが無意味になる。IS（「イスラム国」）との戦いが、まさにその典型である。

「戦略」から見たIS掃討とシリア内戦

現在、問題なのは、「ISを完全に打倒できる」というナイーブな考え方があることだ。ところが、ISを打倒した瞬間に、バグダッドとダマスカスの支援を受けたシーア派がスンニ派に攻撃を仕掛ける、というようなことが起こってくるだろう。

こうなると、政策は道徳的なものではなくなり、どの勢力も勝てない状態を維持することが、最も望ましい選択となる。というのも、アサドが勝つことはイランの勝利を意味し、逆にアサドが負けることはアルカイダの勝利を意味するからだ。アメリカとしては、どちらの勝利も受け入れがたい。

「シリア国内の反政府勢力の親米派」とは、実際は、わずか五人程度の存在にすぎない。ほとんど実体がないのだ。アメリカは、多額の資金を投入して、シリア内部から反政府勢力の構成員を必死にリクルートしようとしたのだが、ほとんど成果を挙げられなかった。現に存在する「シリアの反政府勢力」「反アサド勢力」とは、限定的な地域的関心しか抱いていないクルド人勢力を除けば、実は、そのほとんどがアルカイダである。彼らは、ヌスラ戦線を始めとする、極めて反西洋的なスンニ派の過激派で、要するに、反米勢力なのだ。

ということは、アサドが勝てば、「アメリカの敵」が勝つことになり、反対派が勝っても、「アメリカの敵」が勝つことになるので、実はアメリカにとっては、誰も勝たない状態が最も望ましく、内戦が継続すればよい、ということになる。

ナイーブなオバマ外交

戦略に長けたビザンティン帝国なら、このような現実を受け入れるはずだ。ところが、まだ小ブルジョア的な道徳観に縛られているアメリカは、「人権」の方が「アメリカの国益」より重要であるかのように振舞っている。

フィリピンのドゥテルテ大統領に対する態度にも、同じようなナイーブさが見てとれる。ドゥテルテ大統領は、アメリカ国民ではなく、フィリピン国民によって選ばれた人物だ。

彼は、「人権」を侵害したからこそ選出された、という事実をオバマ政権は分かっていなかった。

オバマ大統領が、フィリピンの大統領選挙直後にドゥテルテ大統領を批判したのは、非常に傲慢な態度であったと言える。せめて六時間程度でも待てばよかったものの、まさに選出と同時に批判したのだ。

ここで改めて確認したいのは、ビザンティン帝国が一〇〇〇年続いたという事実であり、歴史上、最長の帝国だったということだ。中国の王朝でも、三〇〇年以上続いたものはない。最長の中国の王朝は清だが、これは満州族によるものだ。しかも、ビザンティン帝国は、その清よりも三倍以上も長く存続したのである。

それが可能だったのは、「勝利に真に必要なのは、戦争での勝利ではなく、外交と調略である」という戦略的教訓を守ったからだ。戦争が不可避になっても、「戦争をするのは、外交の開始を相手に強制するためである」ということを忘れてはならない。

もし私が米国大統領顧問だったら

現在の状況〔二〇一六年一〇月〕で、もし私が米国大統領のアドバイザーだったら、何をするだろうか。「国内の政治体制が整うまで大統領の権限は大きく制限される」ということの自覚をまず大統領に促すだろう。

もちろん、大統領であれば、秘密外交を行うことができる。その前例は、リチャード・ニクソンだ。

ニクソン大統領は、非常に不人気な大統領であり、連邦議会の抵抗に直面したが、それでも秘密外交によって、いくつかの偉業を成し遂げることができた。

ところが、彼はあまりにも不人気であったため、ベトナム戦争においては、南ベトナム政府への支援が不可能となった。資金も、武器も、兵士も、支援できなかったのである。

サイゴンが陥落したのは、次のフォード政権の時であったが、きっかけはニクソン政権にあった。

当時、連邦議会は、民主党が多数派を占め、ニクソン大統領と対立していた。行政府（ホワイトハウス）と立法府（連邦議会）が分裂状態にあり、ニクソン大統領は、正攻法の外交を実行できず、秘密外交に頼らざるを得なかったのである。

そして次のトランプ政権でも、これと似たような状態、つまりホワイトハウスと連邦議会の分裂状態が続くはずだ。

対プーチン交渉の戦略

もし私が米国大統領顧問だったら、彼に何を提言するだろうか。

その一つは、「プーチンを侮辱するのを止めて交渉をする」ということだ。ビザンティン帝国的な戦略の観点に立って、プーチン大統領に対処するのである。

そのためには、まずＮＡＴＯ（北大西洋条約機構）を「統一した勢力」として扱うのを止める必要がある。ＮＡＴＯ加盟国の足並みを揃えて統一政策を実施するには、無理があるからだ。

ロシアに対して同盟国全体で「反ロシア決議」などを行っても、ほぼ無意味だ。ロシアとの関係は各国に温度差があり、ロシアに対して最も弱い立場の同盟国の賛同まで待てないからである。

アメリカの外交は、ＮＡＴＯ、ＥＵ、ＯＥＣＤといった多元的な制度機関を通じて行うべきではない。単独で「調略」による「寝返り工作」を行うべきで、各国の反ロシア勢力、反プーチン勢力に働きかけ、さらにはロシア国内の反プーチン勢力にもアプローチし、それらの結束を図るのだ。

その上で、プーチンと交渉するのである。「われわれは、あなたが困るような大きなトラブルを起こす用意があるが、もし対中国問題で協力するなら、ウクライナの大統領を親ロシア派にすげ替えてもいい」と持ちかけるのだ。

ここで思い出してもらいたいのは、ジョージア（グルジア）問題である。二〇〇四年、サアカシュヴィリという極めて反露的な人物が大統領に就いたが、この時のロシアは戦争を辞さなかった、ということだ。ところが、その後、二〇一三年に、ジョージア大統領がマルグヴェラシヴィリという親ロシア派の人物に代わり、ロシアを尊重し始めると、ロシアは、それまでのような露骨な敵対的な政策を取らなくなった。

このことは何を意味するのか。要するに、ウクライナ大統領を親ロシア派の人物にすげ替えれば、問題はすべて解決する、ということだ。このような交渉をプーチンに持ちかけるのである。

ウクライナ問題より中国問題

「ウクライナの国土統一」は、「アメリカの国益」ではない。ところが、「アメリカに協力的なプーチン」は、「アメリカの国益」である。

私だったら、まずプーチンと交渉する。そして中国問題に集中するようにプーチンに持ちかけるのだ。

その前提として踏まえておくべきは、中国がさらに強力になれば、ロシアも反中同盟に入ってこざるを得なくなる、ということである。これこそ、「戦略の論理」だ。

確かにプーチンは、「今日の敵」に見えるかもしれない。しかし、明日の世界を見据えれば、プーチンを侮辱して追い込みすぎるのは、考えものなのである。

10

日本が国連常任理事国になる方法

聞き手　奥山真司
収　録　二〇一六年一〇月、東京駅近くのホテルにて

強いアメリカを望む日本の特殊な立場

日本の立場は、極めて特殊である。

それにはいくつか理由があるが、その一つは、「世界的な大国」以外で最も重要な国だからだ。世界には二〇〇近くの国が存在するが、そのなかで、日本は、大国以外でトップの位置を占めている。

それゆえに、日本は、他の大国同士のバランスを常に気にせざるを得ない立場に置かれている。

冷戦時代には、この構造は、とてもシンプルだった。日本は、アメリカに強くなってもらい、ソ連に対抗してもらうことだけを考えればよかったからだ。

しかし、ベトナム戦争をきっかけにアメリカが弱体化し、それまでの構造が変化し始めると、アメリカは、中国に対し、外交的なデタント（緊張緩和）を行った。中ソという共産圏の連携の切り崩しを図ったのである。これによってアメリカは、余力をもってソ連に対抗できるようになり、このことは、結果的に、強いアメリカを望む日本を再び安心させることになった。

不安定な米中と安定したロシア

ところが、現在の構造は、その頃よりも複雑になっている。その原因は、台頭する中国の不安定さにある。

中国という国は、大国であるにもかかわらず、恒常化した不確実性のなかで運営されている。国内体制が政治的、経済的に極めて不安定なのである。

たとえば、朝起きたら、習近平が殺されていた、という事態が起きても、何の不思議もない。習近平は、いつ失脚しても、逮捕されても、投獄されても、暗殺されても、おかしくないのだ。実際、中国ではすでに中央軍事委員会の軍の幹部という権力の中枢にいる人間すら逮捕されているのである。

現在の複雑化の要因は、アメリカにもある。

アメリカでは、この数十年で前例のない大統領選が行われており、誰が大統領に選ばれようとも、その人物が得られる国内支持率は、史上最低レベルとなるはずだからだ〔その後、著者の予想通り、トランプが勝利した〕。

これが意味するのは、権力がホワイトハウスから連邦議会に移る、ということであり、行政の力が弱体化する、ということだ。

習近平はいつでも失脚する可能性があり、アメリカ大統領の権力も弱まる。この二つの要因から、日本は、極めて奇妙な状況に置かれることになる。唯一安定した大国がロシアとなるからだ。

もちろん、過去の歴史において、ロシアの安定は、日本にとってむしろ大きな問題だった。ところが、現在は、日本の国益にも合致するのである。

実際、安倍首相は、プーチンと交渉を続けている。それは、ワシントンが望むような方向での交渉ではないかもしれないが、プーチンだけが世界の大国のリーダーとして安定的な地位を得ており、彼だけが安定的に交渉できる相手であるからだ。極めて建設的な交渉相手なのである。そしてこうした日露の関係のあり方は、歴史上初めての特殊な状況とも言える。

日本の「常任理事国入り」戦略の誤り

もう一つ、日本の特殊性として指摘できるのは、国連の安全保障理事会の常任理事国に入ってはいない、ということだ。

個人的な見解だが、日本は、長年にわたって誤った国連対策をとり続けている。

これまでの日本の国連対策は、おおよそ次のようなものだった。ドイツがヨーロッパの支援を受け、ブラジルがラテンアメリカ諸国の支援を受け、アフリカからは二国——たとえばナイジェリアと南アフリカ——が入り、インドも入る。そうなれば、日本も常任理事国入りできるという、いわば「チームの一員として常任理事国入りする」というものだ。常任理事国の一つの席を得るために、他の五カ国とチームを結成する、という戦略である。

ところが、アメリカは、自国と同じ資格を持つ常任理事国が六カ国も増えることを望んでいないし、どの国も、アフリカに二つも席を与えたいとは思っていない。ナイジェリアにしても、南アフリカにしても、自国さえ満足に統治できていないからだ。

ラテンアメリカ諸国も、ブラジルには投票したくないだろう。スペイン語圏の諸国は、ブラジルに代表してもらいたくないからだ。また、ヨーロッパには、ドイツを支持する国はない。

要するに、日本は、常任理事国入りの戦略として、「誰も欲しないプラン」を追求してきたのである。

インドとの共同管理を狙え

ただし唯一の例外は、インドだ。インドは、日本と同様に、他国から支援を受けられる数少ない国の一つだからだ。

したがって、日本は、これまでの政策を劇的に転換させなければならない。日本政府に私が提案したいのは、以下のような戦略である。安保理の場で次のように表明するのだ。

「六席もいりません。ブラジルやドイツは関係ありません。われわれが欲しているのは、たった一席です。これをインドと共同で得ることです。二、三年ごとに交代で日本とインドで席を分け合うのです」

こうなれば、インドは、ロシアから強い支持を得るだろう。日本も、アメリカから強い支持を受けるはずだ。日本に対する唯一の反対派は中国であろうが、こうなると、中国は孤立することになる。イランとの核交渉でも、中国は孤立したくなかったほどだ。

インドと日本が常任理事国入りしたいと考えるのであれば、両国が一席を共有すべきだ。こうなると、全常任理事国は賛成せざるを得ない。しかもこの二国は、それ以外の諸国、つまりODA受益国などからも支持を得ることができる。

日本は、これまでのような「チームによるアプローチ」を転換して、「インドとの共同管理」を狙うべきだ。安倍首相とモディ首相の特別な関係も、大いに活用できるだろう。そうすれば、日本は常任理事国入りできるはずだ。

他方、ブラジル、アフリカの二カ国、ドイツは、常任理事国入りを諦めるべきだろう。この四カ国の常任理事国入りは、そもそも誰も支持しないからだ。

私の提案は、これまでの外務省のアプローチよりも、はるかに現実的で効果的なはずだ。これこそ本物の戦略だからだ。日本は、長年にわたって、そもそも実現不可能なプランを追求してきたのだが、これでようやく問題を解決できるだろう。

イタリアやスペインは、ドイツに投票するくらいならザンジバルに投票する。アルゼンチンやチリは、ブラジルに投票するくらいならザンビアに投票する。そして、安全保障問題をナイジェリアと南アフリカに委ねる、という考えには、アフリカ中の諸国が恐怖に慄くだろう。

完全に無責任な国の代表たちは、モンテカルロの夜の女性たちよりも、はるかに安い値段で買収できる。

私は、昨年の春、モンテカルロのあるパーティーに呼ばれたが、そこにいた女性たちは本当に豪華であった。キム・カーダシアンとは比べものにならないほど美しい女性ばかりだった。着ている服も、宝石も、数百万円レベルの豪華さだ。

その女性たちと一夜を共に過ごす値段は、南アフリカの国連大使、いや大統領を買収できる値段よりも高いくらいだ。

日本が、本気で常任理事国の席を欲するのであれば、私が提案した方法で狙えるはずだ。もし成功したら、伊東の、私の大好きなあの温泉旅館の庭に、私の銅像を建てて欲しい。

訳者解説

本書は、編訳者である奥山が、二〇一六年の一〇月に来日したエドワード・ルトワック氏に行った合計六回のインタビューをまとめたものである。ただし、ルトワック氏の既存の論文や講演録から、本書に関連する部分も適宜加えている。

当初は、好評の前作『中国4・0』の続編を主眼にしたインタビューが企画されていたが、編訳者の希望で「ルトワック氏本人の書いた論文や講演録に関するインタビュー集」という方針に変更した。一言で言えば、本書は、戦略家であるルトワック氏の「世界観」を提示する書と言える。

すでにご存じの方も多いだろうが、まず著者、エドワード・ルトワック氏の経歴に簡潔に触れておきたい。

エドワード・ルトワック（Edward N. Luttwak）氏は、一九四二年にルーマニアのトランシルヴァニア地方にあるアラドという町に住むユダヤ人一家の子として生まれた。

本書でも触れられているが、イタリア（シチリア、ミラノ）で少年期を過ごした後、イギリスの寄宿学校に進んで卒業し、そこから軍属として英国国籍を取得し、ロンドン大学（LSE）で経済学の学位を取ったあとに渡米し、ジョンズ・ホプキンス大学（SAIS）でローマ帝国の大戦略に関する博士号論文を提出した。

その前後から、イスラエル軍や米軍で、フリーの軍属アドバイザーとして積極的に活動し、大手シンクタンクである戦略国際問題研究所（CSIS）の上級顧問という肩書を使いながら、あえてアカデミックなポジションを求めずに、比較的自由な立場から、世界各地の大学や軍の士官学校、それに各国政府の首脳にアドバイスを行う「戦略家」である。

デビュー作は、極めて「実践的な書」と言える『クーデター入門』（徳間書店、改訂日本語版が近日中に刊行予定）であるが、生涯を通じてのテーマは、むしろ「軍事戦略」や「大戦略」の分野である。博士号論文を本としてまとめた『ローマ帝国の大戦略』（未訳）、主著『エドワード・ルトワックの戦略論』（毎日新聞社）、大著『ビザンツ帝国の大戦略』（未訳）のいずれも「大戦略」や「戦略理論」をテーマとして扱っており、この分野では、すでに世界的な名声を確立している。

ルトワック氏の戦略論のエッセンスは、「パラドキシカル・ロジック（逆説的論理）」という概念に集約されている。本書6章で詳しく論じているが、この概念によって、ルトワック氏は、「近代西洋の戦略論に革命を起こした人物」とみなされており、世界各国の軍の士官学校や大学の戦略学科などでは、すでに彼の本が必読文献のリストの中に入って久しい。

そのようなルトワック氏が、自身の理論をふんだんに活用して、中国の大戦略論についてまとめたのが、二〇一三年に日本でも出版された『自滅する中国』(芙蓉書房出版)だ。その監訳を担当させていただいたことがきっかけで、その続編とでも言うべき『中国4・0』、そして、そのさらなる続編である本書を、私がまとめるご縁をいただいたという次第である。

ここでは、三つのポイントを挙げて、本書のエッセンスを解説したい。

第一は、その独特の戦争観から戦略論を展開していることである。

ルトワック氏の数多くの論文のなかでも、最も議論を呼んで引用されていると本人も認識しているのが、本書2章に収録した「戦争にチャンスを与えよ」だ。一九九九年に『フォーリン・アフェアーズ』誌に掲載された、この一見するとひどく挑発的なタイトルの論文が扱っているのは、一九九〇年代のアメリカのバルカン半島やアフリカでの介入事例である。ここから、「戦争の本質」や「戦争の役割」について考察しつつ、「不介入論」を説いている。

1章で自己解説しているように、ルトワック氏は、まず「戦争」を倫理道徳的な観点から解釈するのではなく、冷静に「現象」としてその機能に目を向けるように促す。

そこで見えてくるのは、戦争には一定の役割がある、ということだ。戦争の最大の役割は、「戦争をしたい」という当事者の感情を疲弊させ、最終的に、その後の「平和」を生み出すことにある。戦争はその後の平和のために行われ、平和は次なる戦争の原因になる、という「戦争」と「平和」の相互関係がここに示される。

「当事者の感情＝火」が燃え尽きないうちに凍結されてしまうと、戦争は、結局、長期化し、そこで争われている本当の問題は解決しないのである。

前作『中国4・0』でも、「人間の集合的な感情」が重視されていたが、今回の戦争に関する議論でも、この視点がいかんなく提示されている。

「火」が燃え尽きる前に紛争を凍結してはいけない。不完全燃焼を起こし、紛争が長引くからだ。国連やNGOの介入に対して、「彼らこそが戦争を長引かせている張本人だ」と痛烈な批判を浴びせるのは、こうした理由からである。

第二は、「パラドキシカル・ロジック（逆説的論理）」について、明快な自己説明を加えていることである。

あらゆる戦略的行動には、「パラドキシカル・ロジック（逆説的論理）」が働く。たとえば戦争状況では、こちらがAという行動をすれば、（誰でも想定できる）Bという結果（＝「直線的な結果」）が生じるわけではない。相手も何かを仕掛けようとしたり、裏をかこうという状況では、一見すると、回り道や遠回りや逆方向に見える手段が勝利につながる。これをルトワック氏は、「パラドキシカル・ロジック（逆説的論理）」と名付け、「戦略の論理」と言い換えることもある。

通常は、視界の開けた真昼に最短距離のルートで敵を攻撃するのが最も合理的であるように思われるが、当然、そのことを敵側も予想するので、雨の夜に遠回りした悪路を使って攻める方が、実際は（逆説的な意味で）合理的になりうる、ということだ。

「パラドックス」は、こちらに対抗する自由意志を持った相手に直面した時に発生する。こちらの「アクション（作用）」に、相手も「リアクション（反作用）」で対抗してくる時にこそ、「パラドックス」が発生するのである。

この「パラドックス」への注目から、戦略における「サプライズ（奇襲）」の重要性が見えてくる。

確かに、孫子、宮本武蔵、ジョン・ボイド、リデルハートなどといった歴代の戦略思想家は、とりわけ戦術レベルにおいて、敵が思いもしない攻撃（奇襲）の重要性を説いていたが、ルトワック氏が画期的なのは、「なぜサプライズが狙われるべきであるか」まで説いている点である。

敵は、サプライズに遭うと、身動きができなくなり、対抗策を打てなくなる。単純に言って、何もできなくなる。相手が何もできなくなれば、こちら側は、やるべきことを粛々と手順通りに行うだけで、狙い通りの結果を得られる。つまり、いったんサプライズによって相手が何もできなくなれば、「パラドキシカル・ロジック（逆説的論理）」は発動せず、「直線的なロジック」が通用するようになる、というわけだ。

ただし、ルトワック氏の戦略論は、さらなる展開を見せる。サプライズによるパラドックス発動の封じ込めも、その上位の大戦略レベルですべて相殺されうる、というのである。戦術や軍事戦略のレベルで相手をサプライズによって打ち負かしても、同盟関係という大戦略レベルで劣勢に立てば、戦争に勝利できない、と。

その典型例が、戦前のドイツ、今日の中国だ。軍事レベルでいくら強大な軍事力を持っていても、同盟関係はほとんど構築できていない。それは、例えて言えば、インターネットに接続されていないスーパー・コンピューターのような存在であり、パワーは小さくとも、「同盟関係」というネットに接続されているスマホの方が「強い」、ということだ。

『中国4・0』では、「海軍力＜海洋力」という対比で、このことを指摘しているが、本書では、「武田信玄＜徳川家康」という例を用いて、「外交（同盟）は軍事に勝る」ということをより明確に論じている。

優れた軍事戦略で、いくら相手にサプライズ（奇襲）を喰らわせても、外交や同盟関係で負けていれば、最終的には絶対に勝てない。ここにこそ、「大戦略論」の観点から論じるルトワック氏の戦略論の真骨頂がある。


第三は、戦略において、「相手がどう感じているか、どう受け止めているか」がいかに重要であるかを指摘していることである。

戦略において「相手の反応」が重要であることはすでに述べたが、さらにルトワック氏は、「こちらの動きが、相手に戦略的なメッセージとして明確に伝わっているか」という点がいかに重要であるかを論じている。

たとえば、尖閣問題に関して、日本政府は、「尖閣諸島を守る」という明確なメッセージを中国政府に伝えるべきだ、と提言している。中国の「戦略文化」は、大国の常として極めて内向きで、隣国でさえ理解が不十分である。さらに今日では国内に問題が山積している。そうした内向きの中国に、日本は「あいまいなメッセージ」を与えるべきではない、というのである。

日本が実効支配しているうちに尖閣諸島に人員を常駐させなければ、何が起こるか分からない。習近平にとって、尖閣に対する武装人民（漁民）を上陸させることなど朝飯前だからだ。日本は、中国にとって「便利な敵」である。国内の不満を逸らすために、いつ対外的な冒険主義に出るか分からない。その前に、明確に「尖閣は日本のものだ」ということを実際の態度で示すべきだ、というのが、ルトワック氏のアドバイスである。

本書で提示された日本への数々のアドバイス（「北朝鮮のミサイル問題への対処法」や「国連常任理事国入りのための秘策！」）は、いずれも示唆に富むものだろう。提言の実現可能性や分析に対する賛否は別にしても、独自の戦略論で読者に知的挑戦を提供するところに、ルトワック本の意義があるように思う。本書を「考える材料」としてじっくり読んでいただければ、編訳者として本望である。

最後に、本書を刊行する上でお世話になった方々に謝辞を述べたい。まずは、著者のエドワード・ルトワック氏であるが、来日直後の多忙な時期から再び一緒に仕事をさせていただいたのは、とても良い経験となった。自分の指導教官の一人であったベアトリス・ホイザー教授の『クラウゼヴィッツの「正しい読み方」』(芙蓉書房出版)の最終稿の作業や、コースメイトの孫子関連書の翻訳作業と重なる貴重な時期に、ルトワック氏から改めて戦略論の真髄を学び、大いに刺激になった。深く感謝申し上げる。

また、本書の初期段階の原稿をまとめて『文藝春秋 SPECIAL』に掲載していただいた前島篤志氏、そして本書の編集を担当していただいた西泰志氏には、記して感謝の意を表したい。本書が読者のみなさんを知的に刺激することを祈念して。

平成二十九年三月五日

出張中の英国レディングにて

奥山真司

エドワード・ルトワック（Edward N. Luttwak）

ワシントンにある大手シンクタンク、米戦略国際問題研究所（CSIS）の上級顧問。戦略家、歴史家、経済学者、国防アドバイザー。1942年、ルーマニアのトランシルヴァニア地方のアラド生まれ。イタリアやイギリス（英軍）で教育を受け、ロンドン大学（LSE）で経済学で学位を取った後、アメリカのジョンズ・ホプキンス大学で1975年に博士号を取得。同年国防省長官府に任用される。専門は軍事史、軍事戦略研究、安全保障論。国防省の官僚や軍のアドバイザー、ホワイトハウスの国家安全保障会議のメンバーも歴任。著書に『中国4・0』『自滅する中国――なぜ世界帝国になれないのか』『クーデター入門――その攻防の技術』ほか多数。

訳者　**奥山真司**（おくやま　まさし）

1972年生まれ。カナダ、ブリティッシュ・コロンビア大学卒業。英国レディング大学大学院博士課程修了。戦略学博士（Ph.D）。国際地政学研究所上席研究員。著書に『地政学――アメリカの世界戦略地図』、訳書にルトワック著『中国4・0』『自滅する中国――なぜ世界帝国になれないのか』（監訳）など。
E-mail : masa.the.man@gmail.com　Twitter : @masatheman

文春新書

1120

戦争《せんそう》にチャンスを与《あた》えよ

2017年（平成29年）4月20日　第1刷発行

著　者　エドワード・ルトワック
訳　者　奥　山　真　司
発行者　木　俣　正　剛
発行所　株式会社　文　藝　春　秋

〒102-8008　東京都千代田区紀尾井町3-23
電話（03）3265-1211（代表）

印刷所　理　想　社
付物印刷　大　日　本　印　刷
製本所　大　口　製　本

定価はカバーに表示してあります。
万一、落丁・乱丁の場合は小社製作部宛お送り下さい。
送料小社負担でお取替え致します。

ISBN978-4-16-661120-1

◆政治の世界

日本人へ リーダー篇　塩野七生
日本人へ 国家と歴史篇　塩野七生
日本人へ 危機からの脱出篇　塩野七生
新しい国へ　安倍晋三
アベノミクス大論争　文藝春秋編
小泉進次郎の闘う言葉　常井健一
女子の本懐　小池百合子
国会改造論　小堀眞裕
日本国憲法を考える　西 修
憲法改正の論点　西 修
憲法の常識 常識の憲法　百地 章
日本人が知らない集団的自衛権　小川和久
拒否できない日本　関岡英之
民主党が日本経済を破壊する　与謝野 馨
司馬遼太郎 リーダーの条件　半藤一利・磯田道史・鴨下信一他
小沢一郎 50の謎を解く　後藤謙次

財務官僚の出世と人事　岸 宣仁
ここがおかしい、外国人参政権　井上 薫
公共事業が日本を救う　藤井 聡
日本破滅論　藤井 聡・中野剛志
大阪都構想が日本を破壊する　藤井 聡
「スーパー新幹線」が日本を救う　藤井 聡
体制維新——大阪都　橋下 徹・堺屋太一
「維新」する覚悟　堺屋太一
地方維新vs.土着権力　八幡和郎
仮面の日米同盟　春名幹男
日米同盟vs.中国・北朝鮮　リチャード・L・アーミテージ ジョセフ・S・ナイJr 春原 剛
「反米」日本の正体　冷泉彰彦
テレビは総理を殺したか　菊池正史
安倍晋三「保守」の正体　菊池正史
決断できない日本　ケビン・メア
自滅するアメリカ帝国　伊藤 貫
郵政崩壊とTPP　東谷 暁
原発敗戦　船橋洋一

21世紀 地政学入門　船橋洋一
日本に絶望している人のための政治入門　三浦瑠麗
21世紀の日本最強論　文藝春秋編
政治の修羅場　鈴木宗男
政治の眼力　御厨 貴
政治の急所　飯島 勲
特捜検察は誰を逮捕したいか　大島真生
情報機関を作る　吉野 準
国のために死ねるか　伊藤祐靖

◆アジアの国と歴史

(2017. 3) C

品切の節はご容赦下さい